全国小学生校园美文精品集萃丛书

七色阳光
小少年

# 抽屉里的阳光

《语文报》编写组 编

时代文艺出版社

图书在版编目（CIP）数据

抽屉里的阳光 /《语文报》编写组编 . —长春：时代文艺出版社，2018.8（2023.6重印）
（"七色阳光小少年"全国小学生校园美文精品集萃丛书）

ISBN 978-7-5387-5804-7

Ⅰ.①抽… Ⅱ.①语… Ⅲ.①作文－小学－选集 Ⅳ.①H194.4

中国版本图书馆CIP数据核字（2018）第107835号

出 品 人　陈　琛
产品总监　郭力家
责任编辑　王　峰
装帧设计　孙　利
排版制作　隋淑凤

# 抽屉里的阳光

《语文报》编写组 编

出版发行 / 时代文艺出版社

地址 / 长春市福祉大路5788号　龙腾国际大厦A座15层　邮编 / 130118

总编办 / 0431-81629751　发行部 / 0431-81629758

官方微博 / weibo.com / tlapress

印刷 / 北京一鑫印务有限责任公司

开本 / 700mm×980mm　1 / 16　字数 / 153千字　印张 / 11

版次 / 2018年8月第1版　印次 / 2023年6月第5次印刷　定价 / 34.80元

图书如有印装错误　请寄回印厂调换

# 编　委　会

# 目　录

001

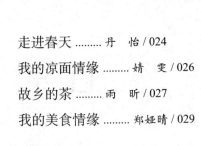

## 聆听钟声

## 做人要像棵大树

## 宁静也是一种享受

## 风吹过的童年

## 万美成春

　　有人问，春为什么那么美？那是因为它有春雨、春风和一切充满朝气的事物。正如大观园的美是因为它有三春姐妹和薛林两小姐以及一院子各具姿色的丫头们，任何的美好都是由一点一滴汇聚而成的。

# 背　影

肖　玥

犹记得，初相逢，丹心同。梦中一个穿绿色衣服的女孩儿，在远方向我招手，我跑过去，却只留给我一个绿色的背影。

是她吗？记忆中她极喜欢绿色，她同我说这是生命的颜色。记得有一次，她穿了一件绿色的衣服，却被同学取笑，一整天她都没有说过话，上去安慰她，见她不语，转身欲走，只听见一串没有节奏而低沉的抽泣声。原来她父亲早逝，留她与母亲相依为命，父亲曾跟她说，绿是生命，绿是世界上最美的颜色。那一日，她向我倾诉了许久，在学校里，傍晚的黄昏下，两颗心正渐渐拉近，彼此温暖对方的心，一个绿色的背影走进了我的心。

应该是她。无论春花、秋月、夏日、冬雪，她的身边总少不了绿色。那是春天的第一场雨，春雷滚滚而来，似乎整个小镇都为这天公突如其来的暴怒而震动，大雨无情地鞭打着大地，人们惊慌地四处逃窜，我们只好在学校旁的小商店中躲雨。两个人在雨与风的交加下瑟瑟发抖，终于，人越来越少了，我们俩像是无助的孤儿蜷缩在一旁，我险些落下泪水。她却一把拉起我，脱下她的绿色外套，遮在我们的头顶上，像是撑开了一片碧绿的天空，没有背景音乐的衬托，一切却那么真实，我俩在暴雨下狂奔，外套也早已湿透，撑着衣服的手却那

么温暖，在这片绿色的"天空"下，我俩的友情更加根深蒂固，似乎无坚不摧，确实也如此。那天，她离开时那绿色的身影，是我心上抹不去的风景。

是她啊！我将要转去异乡，两个人谁也没有去刻意提起，只是都知道我们见面的日子不多了，一天一天，连时间都在做最后的煎熬，终是到我远去的日子了，眼看马上要上车了，她还没有来，我着急地张望四周，听见了自己的心跳声。终于，终于我看见了她，她朝那轮火红的落日奔去，然而落日无情，连这须臾都吝啬给她。它一点一点地下坠，金乌沉海。伴着车子发动的轰鸣声，瑰色的余晖粼粼的海面光影重叠，而她终于来到了车站，望着车缓缓驶离，我大脑一片空白。我的悲伤似风暴，将我残存的最后一点意识都化为灰烬，我再也抑制不住，哭得撕心裂肺，脑海中不断闪现着那绿色的背影，我知道，它将会是我记忆中不灭的明灯，不论岁月的多少次冲刷，也无法磨灭，这也是我心口一道绿色的伤疤。

青春不是镀金，它一定是肤浅的，残酷的，无聊的，幼稚的，也一定能引起绝大部分人的共鸣。一如我记忆中那绿色的背影，青春无情，作罢，让这段友情长留我心。

# 红色的生命

艺 雯

有这样一种颜色，浓郁、强烈，使人一看见就点燃了浑身上下的激情；有这样一种颜色，使正义充满力量，使黑暗望而生畏；有这样一种颜色，承载着生命的喜悦，承载着生命的希望，这种颜色，就是红。

初醒时，它融入你的脸颊，向你绽开一朵浅红的花朵儿，让你对生活充满了期待，窗外的花开得正艳，穿上那由阳光缀上金边的红裳，映得你整个人红光焕发。出门了，同伴的脸上有着同样的红，笑着，嘴唇上的红色充满着朝气。走进教室，作业本上用红笔批改的痕迹，或鼓励，或鞭策着你。这些红为你传递着能量，点燃你心中的火苗，碰撞出新一天激情的火花。

然而，你也会有不小心卷入黑暗的漩涡，不知所终的时候。失去了光，除了黑你什么也看不见，你无所适从，成为一只在黑暗中瑟瑟发抖的蝼蚁。就在这时，你发现了在这黑暗中的一丝光明——这是英雄鲜红的血泪，融入了他们发光的灵魂！是那司马迁滴在《史记》上的！是那贝多芬滴在乐谱上的！是那海伦·凯勒滴在《假如给我三天光明》上的！这是他们用生命，用灵魂染上的红，无论如何都抹不去！这红，比什么都浓郁，比什么都神圣！他们遇到的黑暗是我们难以想象的，如果我们坠入的黑暗是一条小小的沟壑，那么他们则是坠入了万丈深渊！他们尚能用自己鲜红的血泪使自己挣开这黑暗，我们又何尝不能！这奋斗的血泪之红，能驱走黑暗，迎来光明，正义充满力量，令黑暗望而生畏！

待你战胜了所有黑暗，满面红光地归来时，你望见街边的灯笼闪着红光，红色的花开满了道路两旁，红色的鞭炮被点燃，炸出红色的光茫，才发觉，这都是红为你带来的生命的喜悦，庆祝着你生命中每一个因奋斗带来的染着红色的成功。红承载着每个人的喜悦和希望，或许是你作业本上的红钩，或许是你试卷上一个久违的满分，或许是你精心栽培的盆栽终于长出了一个红色的蓓蕾。这红，不但燃起了生命的激情，还燃起了生命的希望。

我愿化身为红，成为那红得如火如荼的花中的一点，成为新年除旧迎新的烟花中的一个小火星，成为奋斗者无数的血泪中的一滴。我愿点燃生命的激情，承载生命的希望，不因黑暗而胆怯，不因困难而退缩，在人生路上留下一个个红色的印记。

# 绿色·希望

陈玉洁

绿色是希望的颜色。它在小草的嫩芽上呼吸，描绘出新生；它在树木的绿叶间跳跃，描绘出生机。绿色是生命的原色，是我们美丽的地球的希望。

然而，这片生命的原色，是在何时，在生命的指尖上消瘦、枯萎，凋零成一抹绝望的枯黄？是在人们用刀锯刺入树木的胸膛，看着一抹绿意轰然倒下的时候吗？是在人们随意将污水、电池倾倒在大地的胸膛上，让这些鲜活的生机逐渐消逝的时候吗？抑或是在人们为了所谓的"前进"而漠视环境时，这抹绿意就已开始褪色？

我们为了自身的利益，是否已经丢弃了良知？如若生命的原色消逝，那么一切成就都只是废话，而我们也将为我们的行为付出沉重的代价。

人类，终究太过自私。

看看我们的四周，亲爱的朋友，天空已不是水晶般澄澈，那阳光要穿越多少浮动的罪恶，才能抵达身旁？这夜幕之上的星辰，是要用尽多少力气，才能将那一点可怜的诗意送达？这缓慢上升的海平面，这已然污浊的空气，这飞扬的沙土，这片片消逝的绿意……这一切的一切，不正是由我们自己造成的吗？

救救我们的家园！救救那逐渐消逝的绿意！

我们的家园，已经破碎不堪了，但是最后的一点生机仍然存活，即使我们做不了惊天动地的大事，但我们可以从一点一滴的小事做起。

不用一次性筷子，注意纸张回收，不乱丢垃圾，不随意采摘花草……只要每一个人都切实地行动起来，从自身做起，从小事做起，那么我们一定可以用针线将破碎的绿意缝补，使它重新在这片土地上焕发生机，使它重新给予这个星球以希望——新生的希望。

我们不愿看到天空以烟尘掩面，不愿看到草原变成荒漠，不愿看到森林一片片倒下。那么，行动起来吧！为自己，为这个星球，重新种下一片新绿，以自身的行动，让它鲜亮，直到永远。我愿以细小的行动，卑微的力量，让这抹绿意在这个星球上壮大起来。让我们的星球，重燃绿色的火焰，点亮每一片原野，焚尽一切罪恶；让这绿色的光辉，点亮彼此心中，点亮这个星球的希望，重燃那消逝的生机。

006

# 升起心中的太阳

刘靖豪

当一轮红日挂在天边时，人们感受到的，不只是希望和温暖。它照耀万物，是黑暗中的光明，是内心里的温暖。升起心中火红的太阳，黑夜便不再漫长，寒冬便不再冷寂。

当我看到讲台上眉飞色舞的激动身影时，如同看到了内心的太阳。勾一笔，她可以书写人生的真谛；跨一步，她可以踏上光明的前程；出一声，她可以唤醒沉睡的灵魂。语文老师，用她独特的方法，认真的态度，浇灌着一朵朵稚嫩的花朵。

讲文言文，她抑扬顿挫，手舞足蹈，仿佛整个人都被吸进了陶渊明所描述的人间仙境，流连忘返；讲古诗词，她为作者沉悲，感叹人生，仿佛她写下了《过零丁洋》，捶胸顿足忠心可鉴；讲名作，她幽默而富于联想："如果我是那只海燕……"她不是海燕，她是光明，是太阳，用她的良苦用心照耀着我们，温暖着我们，当你懈怠时，她便会说："啊，看这光明，还不是休息的时候啊！"

这样的爱，以心交心；这样的爱，带来光明；有这样一个人，就为身边的所有人，带去了光明。

每次放学回家，在那个十字路口，都会望见一个矮小的身影站在红绿灯旁，穿着红色的志愿者工作服，戴个小红帽，含个口哨，注视着马路。每一天，每一次，无论风吹雨打狂风怒号，她从不离去，如钉子一般扎在那儿。

她是一位慈祥的老人，岁月的流逝在她的脸上留下了道道纹痕，让她弱小得甚至在劝阻他人时也不太有力，但每次有人无视红绿灯横穿马路时，她那弱小的身体便会迸发出惊人的力量："滴——"让人颇为吃惊。但正是有了千万个她这样的"小红帽"，才让这座城市更文明有序。"您为什么要当志愿者呢？"在我看来，还有许多的事要远比在这儿日夜坚持重要得多。她莞尔一笑："我是老人家，平时也没什么事儿干，为什么不为建设文明城市出点儿力呢？"她就如同一轮火红的太阳，为千千万万人送去了温暖，映衬着蓝天。

忘不了，那讲台上带来爱与希望的红日；忘不了，那坚守在马路间带来温暖的红日。升起心中的太阳，让我们用心温暖心。

# 家乡静夜景

方涵芊

大年初二，夜幕降临，看窗外通明灯火，兴起时，背起相机，漫步麒麟山夜游，细赏家乡三明静夜景。

春节的路上，尤为清静，街旁挂上几盏红灯笼，有的题写上"欢度春节"，红光中透着祥和。

不觉行至麒麟山脚，正门柔和的黄灯，掩映着朱门与石狮，别有一番古朴情趣。大红的光带，更勾勒出大门之雄浑身影。仰望麒麟山顶，古老的麒麟阁在金黄明灯的装点下年轻了，如同麒麟山的一顶皇冠，惊艳，绚丽。我托起相机，轻按快门，拍下这熠熠生辉的麒麟阁。

轻快登上第一段山阶，我站在平台上，举目四望。北侧的房屋缀着圆形的装饰灯，红光带的轮廓分外分明，白亮的路灯打在行道树梢上，无形中巧妙地衬出树叶的一抹青翠。望西北，灿黄的豪华路灯，与洁白的隧道灯相得益彰，映出光亮与昏影交织的公路。远处，漆黑的沙溪河因河岸五光十色的光带而丰富起来，河水缓缓流动，光影模糊了，错织了，仿佛幻境中的龙宫。欣然拍下这片夜景，在相机中细赏，真是绚丽多姿！正前方，银色的中国移动发射塔，顶着红色信号针，兢兢业业地工作着……

更上一段山阶，夜景穷尽千里目！金龙般夺目的列东大桥横卧于沙溪河上，河对岸，左右相间的，上下对比的，明亮与昏暗在交错；近处变幻的色块，远处繁星似的光点，这难道不是一场斑斓壮丽的视觉盛宴吗？更有远处一座若有若无的阁宇，那莫非是"云生"所结的"海楼"？明暗，点面，虚实的交相辉映，这是谁构成的考究而恰到好处的图景！又有哪位画家、哪位设计师能在兼顾这些图构的同时，协调出这完美搭配的色彩呢！家乡三明夜景的融合真令人叹为观止！堪称绝唱！不枉我手中的镜头啊！

耳畔传来几位登山人的交谈，树林开阔起来。风过的叶鸣，清晰传响，令人身临"蝉噪林愈静，鸟鸣山更幽"的奇境。夜因静谧而空旷了，邈远了。不错，这确是一幅耀眼夺目的夜景图，然而动静之间，似乎还缺了些什么。稀稀疏疏的车辆汇不成壮观的车流，路上行人屈指可数。是的，缺了人的生气！细眺那居民楼的一扇扇窗户里，透出柔和温暖的灯光；人们在家中团聚的温馨，与忙了一年在春节歇息的闲情，又怎是街上夜景可以赶超比拟的呢？我笑着摸摸相机，今晚，就驻足于此吧！

回到家，走出静夜的孤独，才发现，家里才是最美最热闹的夜景！

# 我爱家乡的美食

邓文萱

我的家乡是5A级旅游区——泰宁，既有如镜般的大金湖，又有险峻秀丽的大峡谷，更有神奇的丹霞地貌。但是，作为一个地地道道

万美成春

的泰宁人，我却更钟情于泰宁美食，魂牵梦萦。

　　泰宁的游客大多是来赏景的。泰宁美食虽不像沙县小吃那么出名，但足以让人流连忘返，无法释怀。泰宁的美食分布像极了散落的拼图，懂得享受生活的人总能将这些拼图——找到，完美地拼合起来，充分地感受到美食的魅力与力量。而使我最难以忘怀的是碧玉卷和擂茶。

　　碧玉卷，顾名思义，周身呈翡翠般的碧绿。记得在电视上看到的一句话：最富特色的美食一定藏在小巷里。碧玉卷亦是如此。每次想吃碧玉卷时，总得骑着一辆自行车，费尽周折，方可觅其于隐蔽处。虽说是流动摊子，但热腾腾的摊子前永远簇拥着熙熙攘攘的人群。即使前面的队伍如长蛇一般，人们依旧会耐心地驻足于摊前，只为得到一份美味可口的碧玉卷。

　　轮到我了。摊主笑眯眯地开始炸碧玉卷。只见他弯下腰，从木桶里舀出一勺白里透绿的浆，一圈一圈地浇进锅里，噼里啪啦声骤然而起。一会儿，浆边泛起了翠绿色。摊主不慌不忙，用扁平的铲子一铲，握着锅柄一抖，碧玉卷皮便在空中划过一道漂亮的弧线，就像跳水队员纵身一跃，不偏不倚地回到了锅中。那是多么惹人欣喜的绿啊！比春草还要生机勃勃，比玉石还要粉嫩可爱。那种绿不是纯粹而单调的绿，而是泛着金黄边的绿！如阳光点缀在细草地上。不要说吃了，光看着就赏心悦目。摊主又将刚刚煸炒过的食料迅速地倒在锅中央，铲起皮，娴熟地包成长筒状，放入纸袋中，递给了我。

　　捧着纸袋，我吃得津津有味，脆生生的皮，弥漫着淡淡的清香，里面包的食料既吃不腻，火候也恰到好处。我十分享受地吃完碧玉卷，飘飘然地骑上自行车，来到古巷尚书第。

　　抑或是啜饮一杯擂茶，也是不错的选择。相对于碧玉卷来说，擂茶更出名。从小，我就喜欢看店铺里的阿姨擂擂茶。阿姨总是先在钵中倒入绿茶叶，然后双手握紧一根粗长的木棍，用钝的那头，顺着钵底的圆圈，有力、均匀地擂着。擂擂茶是个辛苦的工作，阿姨的头上总会渗出一层密密的汗珠。待到绿茶被擂成浆泥后，再加入芝麻、花生等上好的营养粗粮，继续循环地擂着。直至这些材料被擂成淡黄色，变成稠密浓厚的浆，阿姨便会停止擂动，将开水冲入钵中，再用木棍轻轻搅匀。顿时，芬芳四溢，飘香满堂。阿姨给我盛了一杯。

我握着擂茶，仿佛是在握紧宽厚的感觉，无比舒坦。杯口氤氲着蒙蒙白雾，我迫不及待地饮了一口，香醇的擂茶顺着喉咙而下，滋润着心田，犹如置身天堂。那美妙的感觉哪能用言语描述？一杯尽矣，齿颊留香。

美是需要品尝才知道好不好。泰宁的风景出名，美食也不逊色。也希望更多的人能够抽出时间，穿梭于古色古香的巷子中，用心感受，用心体会，品出泰宁美食的一番妙韵……

# 我爱家乡的黄土坡

黄　珺

翻开记忆的画卷，许多画面让人难以忘怀，家乡的黄土坡是画卷中最美的画面，因为那儿封存着我最美好的回忆。

小时候，母亲在乡村小学任教，我跟随母亲住在农村。房屋俭朴整洁，家后院有一片黄土铺成的山坡，坡度平缓，坡上还长了不少的野果。那时大人们管得严，平日里不许我出去"撒野"，只能在家玩耍，渐渐的黄土坡就成了我的乐土。

记得，我常常约一群小伙伴来到黄土坡，拿着买来的橡皮筋，跳着："小皮球，像加油，马兰开花二十一……"黄土坡上的那颗歪脖子老树，似乎也很兴奋，轻声和着："二五六，二五七，二八二九三十一……"我常常跳得满头大汗，衣服上总是黄一块白一块的，妈妈买的鞋也不知道跳坏了几双，为此，妈妈总是叹着气，说我是个疯丫头！

我还记得，小时候的我特别贪吃，端午节前后常常独自跑到黄土坡上摘杨梅。杨梅树很高（对于那时的我来说），所以我就爬上树，在树上上蹿下跳，有时甚至边吃杨梅边在树上晃着双脚，悠闲得很。大人见了自然是吓坏了，马上将我从树上抱下来，边拍我的衣服边训斥道："野丫头，要是摔下来怎么办？"

印象最深的，是那次学校组织文艺表演，我想与小伙伴们一起参加，但是，大人们却说这与学习不相干，不许我去。于是，我便瞒着父母偷偷与小伙伴们一起到黄土坡练习舞蹈，虽然没有音响，但是我们却一个动作一个动作地练，练得格外认真，每一张红扑扑的小脸上都洋溢着灿烂的笑容！大人们见了也就睁一只眼闭一只眼，假装没看见。演出那天，爸爸还为我和小伙伴拍了张合影，那一张张阳光般灿烂的笑脸就定格在历史的画卷中。

岁月悠悠，一晃几年过去了，发生在黄土坡上的趣事仍历历在目。我早已不再是大人口中的"野丫头"，但我却忘不了儿时的童谣，忘不了邻居的小伙伴们，忘不了山坡的杨梅，更忘不了我童年的乐土——黄土坡。

我爱你，家乡的黄土坡！

# 相遇东山

管培烨

对于生在山中、长在山中的"山娃"来说，海对于我总是有着特殊、神秘的吸引力。怀着对海的隐秘的渴慕，我更加坚定了这颗向往着海洋的心。

乘车抵达东山县时，紧张期盼的我更加激动，流动在街巷之间的海风，带着微腥的咸风更加撩动我的心。

在去往"风动石景区"的车上，我既兴奋又有些害怕。不知为何，我不断地问妈妈："什么时候能看见海？"东山的居民见我如此着急，呵呵地笑，我不由得藏好我这颗躁动的心。

踏上沙滩，绵密的沙子泛着金黄色的光彩，掬起一捧来，太阳的炙热传到手心。踩在地上，沙子并不粗糙，反而十分的松软，时有刺刺的酥麻感，让我觉得一阵心安。

隔得老远就听见人声，游客们的欢声笑语却盖不过大海的浪潮声，这就是"未见其人，但闻其声"吧！海浪重重地拍在岸边礁石上，发出一阵穿云裂石的潮声，层层叠叠，此起彼伏。也许是"近'海'情更怯"吧，我竟害怕起来。

在踏进海水，感受到海潮抚摸的那一刻，我大声地忘情地呼喊起来，放眼望去，大海无垠。远处的狮虎四岛上树林郁郁葱葱，衬得锈红的寺庙更加幽寂，有一种超脱红尘世俗的感觉。寺庙笼罩在一片水汽之中，香烟袅袅，还未上青天便被海风吹散，了无痕迹。

洁白的浪潮从海天一线的地方，遥遥逼近，声如霹雳弦响，敲冰戛玉，不绝于耳。终于，浪头一层层地推高，逼近，它仿佛鼓着劲做着最后的冲刺，蛮横地撞在粗糙的礁石上，碎成万片星光，映着太阳的面庞，熠熠生辉。

海水清澈、蔚蓝，那是一种无法诉说无可比拟的美。它的美，要用诗人的长诗来歌颂，要用歌者的铿锵婉转来唱颂。海水如一面蓝宝石之镜，映出的一切都被赋予了生机和优雅，而它并不只是单一、苍白的美丽，而是复杂、多面的，正如海流，也许表面上平静无波，但水底下暗流涌动。

让我难忘的还有东山人民的质朴、纯粹，街巷中残存的潮州古韵，流动在县城中的腥咸海风，古旧老厝的铜门环……

014

# 春天总在风雨后

吴奕君

"轰隆！"

似乎大地被什么炸开了，有裂纹从深处向四周蔓延开来……

闪电如一口犀利的剑，闪着凛凛寒光，打破了世间的宁静，劈开了阴暗的天穹。乌云如泡沫一般堆在头顶上，愈压愈多，愈积愈密。

"哗啦！"是雨！从天穹，浩浩荡荡地奔闯下来，似乎还携着一丝温热。

一种阴森得难以言喻的黑暗笼罩了大地，灰蒙蒙的雨丝给大地抹上一层诡异的色彩。

是厄运的降临吗？

狂风卷起了脱落的残枝败叶，四处乱闯。"砰！"我的窗门被撞开了，一片叶停留在我的窗台上。

我拾起了它。

是去年的叶。叶上的纹路如此清晰，刻满它一生的历程。此刻的它，已失去生命的存在，但是，它的脱离是不是为了另一片新叶的生长呢？它脱落的地方会不会有新叶长出呢？那长出的新叶是不是会和它的纹路一样呢？

我将视线转向窗外。

窗外的视野，是一种昏暗，一种朦胧，一种震动。

瞬间，我豁然开朗。

这不是黑暗、厄运的来临，那轰隆隆的震动，你听见了吗？那是一种新的生命力的酝酿，是各种生命的蠕动，是万物复苏的惊动！是春的前奏！

哦！春天！

相信雨过后的你，一定是生意盎然！

次日清晨，一缕和煦的风将我吹醒，我早早起了床。推开窗，楼下的法桐边上染上了一层新绿，楼前的水仙开满了饱满的花。眼前的一片，万紫千红，生机勃勃。

正所谓是"晓看红湿处，花重锦官城"！

哦！春天总在风雨后！

015

# 花 与 枝

郑敏郡

怎么会这样!

我兴冲冲地跑到楼上，没想到见到的却是此番景象：四五瓣花瓣落在了积水的凹坑里，被淤泥覆盖。许还是雨的过错，纵然它是如何驻定蕊旁，终抵不过这残酷的环境，莫非是"花大招风"吗？早开的花难道注定要早些凋谢吗？看到曾经那样鲜丽的花瓣如今竟走到了这种地步，不免有些心痛和怜惜。

只是抬头一看，更多的花苞绽了笑颜，更多的花骨朵儿褪去了绿裳，更多的花朵迎着寒风摇曳。谁说那落花不是为了给自己后开的姐妹们多些养料呢？低矮的绿叶阻止不了它们直指苍天的梦想，即使离那肥厚、宽大的绿叶近些，会有更好的保护，可它们催促着枝条快长！快乐！为了不让落花失望，芽儿们远远地离开了绿叶，这种情景在大自然中是罕见的吧？鲜嫩欲滴的花瓣似乎还残留着水迹，衬托着花心更加明艳动人。还不及铅笔粗的绿枝摇摇晃晃地举着花束，真想不通为什么花束如此信赖这看似弱不禁风的绿枝呢？倏尔，风起，枝摇。想去扶时，只惊见它柔韧得像塑料管。就算被压弯了腰，它始终会反弹起来。

有了"团结"二字的解释，我现在相信了花束的选择，也理解了落花的奉献。

# 江南三月，浸遍烟花

汤晓雯

　　"故人西辞黄鹤楼，烟花三月下扬州，孤帆远影碧空尽，唯见长江天际流。"或许，初次接触"烟花三月"，心里就只能想到这些，很词穷。恍惚想起，最美烟花三月不正是在江南吗。于是，记忆经过多年尘封，才终于想起些关于江南的点滴，似乎上次是何时去过所谓的江南来着？恐怕那时也并非三月，不由得有些感到遗憾和惋惜，没能看看水乡春景。

　　记忆好像是在三年前才结交上江南风光的。那时仅第一眼面见杭州西湖，幼小的心灵里当时只有令人轻笑的一个感觉，就是想面朝着西湖大喊，而且还根本无法描述喊声中自己的感受。那时貌似正逢夏季，湖中的荷花都快开了大半，"烟花三月"是感受不到了，只能看看"映日荷花别样红"。

　　一直到去了电视上所见的乌镇，才彻底算得上是被震撼了吧。先前的印象都不如当场的视觉来得更猛烈些，不，是更清秀些。立即扑进了一个小入口就恨不得自己生为乌镇人似的能生活在这小镇中。小时候的我更喜欢玩乐，自然是无暇顾及那些古朴素雅的青石板街，更无心倾听那一幢幢白墙乌瓦的小楼前，那一扇扇的木门所悄声讲述的故事。相比之下，我倒是更喜欢像那些古镇中的小孩子们一样，"到东街的小吃店里尝个鲜，到西街的杂货铺子看几本书买几个玩具"，

017

万美成春

有几分现代化的古镇自然能满足我的好玩天性。穿梭于街与街桥与桥之间，任由小楼边的各式树木的林荫罩着我在其间欢乐地从街头窜到街尾。记得还撑了一把伞，木头柄，现代材料做的伞布，失了曾经的水乡味道，怕是很难寻见油纸伞来遮雨遮阳了。

但实际上，长大的我才发现，原来我真正喜欢的，是清晨卧在乌篷船里，随着老船夫的摇橹声，看着河两岸的古朴小楼，看着充斥着些许雾气的绿水蓝天，看着妇女们的洗衣，又或是清早街上的小吃吆喝声悠悠地从远方飘来。整个江南小镇浸在了蒙蒙的雾中，浸在了绿树林里。

或许，三月时的江南，也不过如此吧？

或许是沉浸在粉色桃花之中呢？会是我希望和想象的那样吗？会有像从前一样的小镇浸泡在烟花里吗？

还会有清早卖货郎的吆喝声吗？还听得见老船夫的摇橹声吗？

可惜我不知道江南三月的样子，可惜我不知道何时的三月能去江南看一看。

但我想，浸泡在烟花里的三月江南小镇，也一定很美的吧。

不知某天，我在梦中，遇见了三月的江南小镇。

柳树初抽芽，嫩绿嫩绿地拔着尖儿；桃花却粉艳艳地挂在了枝头，迎风微笑；杏花白生生地初绽骨朵儿，小小的，很好看；远处一幢幢小楼的走廊上，遥遥地垂着淡黄色的迎春花，朝我招着手；朦胧的雾中，仔细看才发现河对岸的青石板路上行走着一个模糊的挑着货物架的青年在悠悠地吆喝着；河上不知什么时候荡过了一只小小的乌篷船，缓缓地向远处雾更浓的地方驶去，消失在视线里。不一会儿，下了一场细雨，我的手中多了一把撑开的黄油纸伞，人在丝丝斜织着的雨中前行着，不住地观望街上两边的景色，真有几分"沾衣欲湿杏花雨，吹面不寒杨柳风"的清秀之美。一天伊始，人们慢慢地都开始了自己的忙碌。

或许，最美不过江南三月，一切生机勃勃，春意盎然，浸遍烟花。

# 万美成春

林 雯

雨后的春天，似在美人的脸上蒙上一层薄纱，在清丽上又平添一分朦胧和神秘。春不似夏一样带着浓郁鲜艳的绿，不似秋一样带着悲凉凄淡的黄，不似冬一样带着万籁俱寂的白。她缠着彩虹为她织了一件霓衣，乘着春风，披着春雨，带着阳光和欣悦，悄然来到人间。

走在路上，两旁都是新栽的小树和鲜花。翻动过的泥土，散发着清香，这香味深情地与花香拥抱，再携着春风的手，在叶片上跳动着，一不小心踩空了，便猛地扑向行人的怀抱里，笑着，闹着。

再往前些，便是连片的紫荆花，不看树干的话，就像是只有一棵巨大无比的树，伸出千千万万根枝条，绽出千千万万朵紫荆。浅粉色的花儿笑着，牵着白色的花儿，靠在天边，如彩霞，久久不肯散去。一朵紫荆或许不令人惊叹，就像在海边捧一小捧水，可当千千万万朵紫荆汇聚在一起时，我能看见粉色和白色的洪流朝不同的方向奔腾而去，却并没有激烈地冲撞开整个世界，而是静静地汇聚成一个平静的湖泊，绿叶围绕在岸边，几只不知名的雀儿在浅唱。

来到河边，这里很应景地种了一排柳树，望不到头。古诗云："二月春风似剪刀。"虽二月已过，但这春天的剪刀依然未钝，把柳条梳理柔顺后，又将它修剪得这样细，有一种黛玉的美感，虽柔弱不堪，却自有一番风流韵味。一阵风袭来，几根柳条纠缠在一起，像是故意向对方展示自己的满身绿意，细长的叶片总是三四片紧凑在一起，像是在朝着远处讨论着什么。

"哈哈哈……"循声望去，不禁轻笑几声。原来是几个小朋友在石榴树下嬉戏，一个趁另一个不注意，奋力地摇晃几下树干，于是藏在石榴树叶和石榴花蕾里的雨水都落了下来，就像下了几秒钟暴雨似的，两个人都淋得跟落汤鸡一样，所有人都笑了起来。连茂密的树叶都拥在一起，石榴花蕾笑得都快绽开了。这小小的插曲又何尝不是春的表现？春天一来，人们的朝气也复苏了。

有人问，春为什么那么美？那是因为它有春雨、春风和一切充满朝气的事物。正如大观园的美是因为它有三春姐妹和薛林两小姐以及一院子各具姿色的丫头们，任何的美好都是由一点一滴汇聚而成的，人也一样，只有把一点一滴的努力积累起来，才能汇聚成为成功的海洋，领略到人生的美丽，步入人生的春天。

020

# 三分春色七分思念

雅　洁

我走上前，在外公墓前置一枝鲜花。一年复一年，每年清明，我总是要踏上台阶前来祭拜。望着墓碑照片上慈笑的人儿，好似恍惚间，外公又拉着我的手，走在泥泞的菜地里，"你看，这是南瓜，这是油菜，这是……"

我从小与爷爷奶奶生活在一起，与外公接触的机会并不很多。每当我去外公家，外公总是特别高兴，给我买这吃的，买那玩的。有一次，外公问我："想不想去菜地玩玩？"对于我来说，菜地是很罕见的，我高兴地说："快带我去！快带我去！"

因为前不久刚下过雨，地上的泥土湿黏湿黏的，散发出土腥味道。外公小心翼翼地拉着我走着，处处叫我小心。他不仅怕我踩着了别人家的苗儿，而且担心我摔倒。走了许久，终于到达了目的地——外公的田！眼前是绿油油的嫩苗，藤青的瓜杆；鲜嫩的小草从土壤里探出头来，好奇地打量着这硕大的世界；各色的鲜花，顺着藤架往上攀；时不时还有几只蝴蝶结队飞来，绕着苗儿飞。我瞪大了眼睛，蹲下身子看一只停在花瓣上休憩的蜜蜂。正当我想用手去触碰时，被外公的大手抓住，"这个不能乱摸！它的屁股上有刺！小心扎你一个大包！"边说边拿食指点我的头。我恋恋不舍地转头，它却不在那儿，飞走了。外公指着各种不一样的菜苗，说："这是南瓜，这是油菜，这是……"

021

离开菜地，我们漫步到了河边，天空絮絮地下起了小雨。岸边的柳树叶儿细长，随风摇摆。这细叶是谁裁出来的？那是二月的春风呀！我蹦着从柳枝上扯下几片叶子，鼓起腮帮子吹，却只发出"噗噗"的声音。外公笑着从我手中拿过一片柳叶，放在嘴边，吹了起来。清脆的声音，和着绵绵细雨，缓缓飘荡……

从思慕中回过神来，望着四周的林子，春天的气息扑面而来。耳畔，却好像又到了那天，风声和着雨声、柳叶声……

# 我的"百草园"

以 诺

夕阳沉入了天边的尽头，寂寥的黄昏让这片恬静的园地更加赏心悦目，高远的天空中的星星闪烁起来，散发出迷人的光。如果百草园是鲁迅儿时的乐园，那么奶奶的菜园就是我的百草园。

老家，在我眼中最美的地方不过是不起眼的菜园。对于那时的我而言，园子里的每一处角落都是那么的有诱惑力：松软的土地、清澈的小溪、路边的野花、新鲜的蔬菜、活泼的小鸟、调皮的蟋蟀、可爱的蜗牛、胆小的毛虫，一切都散发出大自然的魅力，一切都那么的自由。

022

午后，孩子们躺在草地上，沐浴着阳光，不用奔波于忙碌的课业，显得多么轻松。随手抄起一根木棒，赶走啄食的鸡鸭；掰下一根狗尾草，偷偷地去挠熟睡着的爷爷的脚心，然后大笑地逃走。老人家惊醒后懒得下床，只会在床头直嘟囔："啧，你这个疯丫头。"就这么一路跑，一路跑，承载着欢笑，释放出青春的激情。心中的那一道阳光仰望之中，挥动着白色的双翅，那种亲切温暖的感觉，一瞬间便迸溅出来的，是热情与活力。

夕阳，终于再一次消失在我眼前，今晚的星星稀疏，但月亮却是那么的明亮和温暖。园子里渐渐暗了下来，人心也凉了下来。我探望井里，井虽然很深，但可以看见那像油一般发光，如同黑缎带一样的微微颤抖的井水。夜，悄悄地来了，虫儿们开始演奏这场独一无二的音乐会了。萤火虫发着光，缓缓地向我飞来，我伸出手，把萤火虫拢在手心里，热热的、暖暖的。童年似蜜，那么甜，甜在嘴边，可到了心里，总归还是有些酸。妈妈走过来抱住我，轻轻地对我说："要走了。"我冲她点点头，妈妈的手很凉，却不是井水般的凉；妈妈的身上很香，却不是花儿般的香。我就这么握住她的手，慢慢地向前走。我恋恋不舍地回了头，望着小溪，望着鲜花，望着蔬菜……突然下雨了，毛毛的雨丝漫天飞舞。

# 乡下奶奶家

林 屹

黑灰的天空亮了起来，天上的繁星也隐隐退去，天空渐渐被染上了蔚蓝色，公鸡的啼鸣吓坏了山上栖息的鸟儿，尖叫着冲上天空。

远远近近的山如同一幅浓墨重彩的中国画，浅的发亮，深得发黑，浓妆淡抹。清脆的鸟叫如同水中的涟漪般在山谷中荡漾，砍柴的嗒嗒声为它打着节拍，奏出一首娓娓动听的"乡村之音"。

在篱笆里，一处五颜六色的景观映入眼帘：橘黄色的南瓜、绿色的青菜、红色的辣椒……就算是著名的画家也难以调配出这些代表乡意与喜悦的颜色。轻轻一跺脚，土壤动了一下；再跺一下，一个黑乎乎的小家伙从土壤里钻了出来，又用它那粉丝似的身体钻了回去。唉，真是害羞！再仔细一看，哎？叶片上怎么会有你这蛮横的家伙？青绿色的肤色是你最佳的伪装，让我没发现你的存在。在我惊讶之时，你又在菜叶上啃了一个洞。你高傲地挺起前身，好像在向我示威："你看着我干吗？我才不怕你呢！"我用两根手指轻轻地夹起它，它奋力地挣扎着想逃走，可没能成功，我把它放进了树丛里。

走进鸭舍，鸭子们对这位突如其来的"客人"感到十分害怕，用沙哑的嗓音"嘎嘎"地尖叫着。我踢它一脚，它脸上的恐惧转变成了愤怒，居然追着我要咬我，我只好灰溜溜地跑开了……

一群鸡散布在地上，有的在啄石子，有的在吃虫子，还有的在水沟旁喝水，优哉游哉，不亦乐乎！妇女们在水边洗衣服，晾衣架上花色各异的衣服随风飘扬。孩子们坐在地上与狗狗玩着捡木棍的游戏，嘻嘻哈哈。花花绿绿的田野天衣无缝地编织着，如同给大地穿上了一件新衣。房顶的炊烟，袅袅而上，鸟群在空中盘旋，发出喜悦的欢叫。

走进屋，爷爷坐在椅子上看电视，奶奶从厨房的薄烟中走了出来，将一锅鸭汤，端上桌去……

# 走进春天

丹 怡

经历了寒冬，春的气息随着一场绵绵细雨，伴着嫩叶与青草舒展时的轻吟和拂过脸颊的轻风到来。春天来得轻盈，但大自然却早早地感受到了她的脚步，将她盛满鸟语花香的衣袖和指尖上浮动的美好，

赋予鱼木花鸟，借它们向困顿了一个冬季的人们传递春的讯息。

憋闷在家中的人们在不经意之间发现了窗外悄然转换的景色，便唤上同行的人，迫不及待地投入春宽广的胸怀中，感受一年之计的活力与美好。

而春意最浓的地区则非乡村莫属。在崎岖的山路上奔波了近一个小时，路旁的树开始越来越浓密，直至密密层层地将头顶瓦蓝的天空遮盖，家乡的老屋就在这望不尽的绿里。沿着青石垒起的小径一路往上，簌簌的声响似一场盛大的交响，将我们迎入山中的竹林。

爷爷在一棵竹子下招呼着我，示意我过去。只见爷爷拿小锄头轻巧地往那形似犄角的笋旁一挖，一棵小笋便骨碌碌地滚到了一边。我看得手痒，也想试一试，可一锄头下去非但没挖出笋，还把它拦腰砍断了。我懊恼地扔下了锄头，坐在一边，一点儿心思也没有了。这时，我注意到了墙边的一棵春笋，或许是竹鞭延伸得太远了罢，它独一个儿地离了伙伴。我望着它有些出神，要从墙根里钻出得经历多大的磨难啊！坚硬的土壤、层层的土砾、稀缺的营养，这些都无法阻止它，无法阻止这微小却顽强的生命！我的脸上浮现出笑意，又重新站起，拾起了锄头……

在这万物复苏的季节，我走进春天里，走入绿茵茵的竹林中，一棵春笋以它不屈的精神，为我上了一堂无书无本，却永远铭刻于心的课，带给我启迪，同时也让我开始重新思考面对挫折的态度。

# 我的凉面情缘

婧 雯

一碗辣辣的凉面，浇上酱汁，放上蒜泥，就这么火辣辣地吃着，任由酱汁溅你满身，任由嘴巴辣得火红，来碗凉面吧！

偶然走到街上，看见一个小摊三三两两地围了些人，人群并没有隐去它原有的香味。摊主是个矮胖矮胖的女人，看上去给人一种厚实、质朴的感觉。她的脸上泛着红光，皮肤油亮却又显得粗糙。她热络地招呼着，额头上沁出了汗珠，手上也不闲着，熟练地把面拖到盆里，来点花生米，挤点酱油，夹些黄瓜丝，放些凉皮。一双筷子在她的手里变得灵活起来，她往盆里拌了拌，然后毫不马虎地又放上辣椒。她做得很快却又那么认真。筷子又开始搅啊搅，搅着搅着，匀出了一种香味，那种香味很特别，凉丝丝的又混杂着辣椒的泼辣，让你不禁垂涎三尺。就这样，一碗普通的凉面，和我有了不解之缘。

大口大口地吃起来，放下所有的烦恼，脱开所有的杂念，只有凉面滑入嘴中的窸窣声，那是多么的美好啊！那饱满厚实的面条加上香脆可口的黄瓜丝，一口咬下去，有种凉爽之感；那粉嫩的凉粉加上热情的辣椒，又让你感觉仿佛能喷出火来。当两者融合在一起，那味道根本无法用我那贫乏的语言来形容。

在炎炎夏日，来碗凉面吧，它会拂去你心中的燥热；在寒冷冬日，来碗凉面吧，它会燃起你心中的热火。

# 故乡的茶

雨　昕

　　我的根，在故乡，故乡的茶，埋在一片绿下。

　　　　　　　　　　　　　　　　——题记

　　生在江南，最不缺的就是茶叶。故乡的茶园，是我常去的地方。那个地方，有着一片绿和一个老人。

　　老人是我的爷爷，那个参加过战争，身体硬朗的慈祥老人。自小时就知道，清明后芽发，爷爷准会带我去逛茶园。又是这片绿。爷爷摸着那些芽儿，一脸动容："时序井然，按时而发，最不会骗人的，就是这茶。"我跟着爷爷一起感受这茶芽带来的气息。"做人就得学这茶，不急不缓，在最适合的季节寻一个时机。不能早，太早熬不过冬；也不能晚，太晚太阳就被别个吸收咯。"我望了望茶园，又望了望爷爷，心里已有了定计。

　　这片绿，有它的从容与淡定。它不骄不纵，顺应四季，教会我如何稳妥地生活，适时地勃发。

　　整个春夏，我一有空闲就去茶园找爷爷。爷爷总是摇摇晃晃穿梭于绿色间，挑着水，施着肥，手里还带着一把小剪。除了吃饭睡觉，爷爷的所有时光都泡在了茶园，有时我远远地望着他，见他时常用手轻抚茶叶，弯下身用经历过岁月的老脸贴着叶片，最让我不能理解的是，他会用对待孩子一样温柔的语调去跟茶叶儿叨念。在我眼里，爷爷浇灌的不是水，是他的心血；施的也不是肥，是他全部的宠爱。我走上前，抱着爷爷，说他偏心，对茶叶比对我还要好。爷爷哈哈大笑，没有停下手里的工作："这茶啊，灵气着哩！你付出给它多少，它都会如约回报，对待养育它的人，它可也会报恩！"我似是明白了，靠坐在茶树边：世间的万物都是相通的，仅是这茶，都能灵气地感恩，长出最嫩绿的叶儿回馈给人。

这片绿，有它的灵性与感恩。它记住你全部的好，在将来的每一天默默为你服务，教会我友好对待万物，因为我们彼此联系，不可分割。

摘下的茶，总被爷爷存在罐子里，每天用镊子取出。倒上水，压一压，泡一泡，一盏茶便是一个下午。我也喝茶，但总嫌它苦。爷爷却摇了摇头："说茶苦的，都是没遇到挫折的人。茶虽苦，但它回甘，你没有尝过苦头，又怎能体会到它的香甜呢？"是啊，没有苦难的人生，又怎能叫人生呢？经受过了挫折的人生，才会留有余香啊。

这片绿，有它的苦涩与甘甜。它淡雅、坚韧，教会我如何细嗅苦难过后的余香。

我又回到了故乡，又是这片绿。一亩茶林，一杯故乡的茶，给了我一生的底气。

# 我的美食情缘

郑娅晴

　　淡雅的绿色萦绕着这个下午，周围的一切都编织着梦幻。我手捧一杯热气腾腾的咖啡，贪婪地嗅着那浓郁的香味。提拉米苏静静地待在印有墨绿波纹的碟子里，别有一番小清新。我缓缓地翻着徐志摩的《再别康桥》，聆听它柔软憧憬的轻微声响。半晌，微微地抿一口咖啡，直爽的苦涩在口中回旋，猝不及防；含在口中，却细腻地感到苦中透散着几分香甜，沁人心脾。作为一个资深级"吃货"，我矢志不渝地断定我与美食一定有着深深的情缘。我如此热衷于它，它也造福于我。

　　在别人都深陷韩剧的"魔口"之中，为了"叫兽""欧巴"疯狂至极，甚至有富婆砸千万只为见其一面时，我却拜服在美食节目的魅力之下。一搞定作业，就快速移到电视机前，熟练地按到美食频道。我目不转睛地盯着厨师手中飞动的锅铲，在它灵巧的舞动下一道道色香味俱全的菜新鲜出炉。看着电视机前的评委享受地咀嚼，咀嚼后无限的回味，我也情不自禁地咽下口水，满足我"望梅止渴"的胃。看完之后，便恨不得到厨房里施展身手，做出美味佳肴，山珍海味，以博得别人的赞不绝口。于是，我也装模作样地挥动两下铲子，依照程序洗菜、切菜……虽然不是这道菜焦了，就是那道菜淡了，但是家人还是对此大大赞赏。如此美的情感，让即使味道极差的饭菜也有了美味的享受。

除了热衷于美食频道，我也经常光顾各种甜点屋、西餐厅。娇小精致的甜品陈列在玻璃柜里，提拉米苏、黑森林蛋糕、抹茶慕斯、布朗尼、轻乳酪……应有尽有，让我目不暇接。我常常趴在玻璃柜上，痴痴地望着那诱人的外形：轻巧的蛋糕上淋着一层晶莹的巧克力酱，在上层点缀着甜腻丝滑的奶油，蛋糕师或许在奶油上轻轻地掷下一颗鲜红的樱桃，就像婀娜少女艳丽的红唇，使蛋糕愈加娇嫩；或许在奶油上四面八方地插着杏仁，看似杂乱，却给蛋糕在恬静的外表上添了一丝狂野，使消费者多了一些欲望。我常常陶醉在它们的梦幻与甜美之中，一舔，便想啃一大口；一啃，便忍不住把整块吞下去；把整块吞下去了以后，还想吃。怎奈兜里空空，一分钱都不留。往往是一杯红茶，一块提拉米苏，一本诗集，填充并装饰了我整个下午。

美食，是我朴素的衣服上一条华丽的纽带，既装扮修饰了我的人生，又与我紧紧相连。我的美食情缘，有着缘分，包含情谊。

## 聆听钟声

　　清晨的钟声，总是清脆而悠扬的。仿佛是林中的云雀，透彻、清晰地划破黎明的寂静。万物仍在朦胧的梦里，但外公早已挣脱了梦的束缚，他比晨钟起得更早，于是，他就成了田里的晨钟。

# 聆听钟声

紫 潇

太阳低低地挂在山顶，薄雾笼罩着大地。黄昏的晚钟沉沉地敲响，敲醒了黑夜，也敲醒了我的回忆……

在那个并不遥远的村庄，钟声总是萦绕在耳旁。年迈的外公和外婆，他们与钟声为伴。

清晨的钟声，总是清脆而悠扬的。仿佛是林中的云雀，透彻、清晰地划破黎明的寂静。万物仍在朦胧的梦里，但外公早已挣脱了梦的束缚，他比晨钟起得更早，于是，他就成了田里的晨钟。泥土在他的脚下变得湿润，秧苗在他的劳作下茁壮成长。

午时的钟声，显出几分慵懒。太阳竭尽全力放出它的光辉，外公也不屈不挠地与它抗争。田里棚下的阴凉处，成了他的"营地"。一壶水，一把竹扇，是他的伴友。好几次催他回家，他不肯；就算是有急事要赶回去，他也必先给秧苗洒洒水，那慈祥的模样，仿佛那些绿油油的嫩苗是他的孩子。

我最喜欢听晚钟。晚钟敲响，就代表着能见到外公了。但外公的钟好像总是慢那么半拍，晚钟敲过很久，他才会拖着木板车回来。木板车上，有他的收获。调皮的我时常站到巷口，等外公的木板车一出现，就跳到车上，和外公的收获一起被拉回家。外公拉着车，沾沾自喜地说："别看我八十岁，其实我的身子骨才十八哩！"

外公真是倔强啊！他与晨钟争早，与午钟对抗，和晚钟比迟。似乎永远都有一股冲劲，推着他在田里和家里穿梭。即使他走不动去田里的路了，他仍然要拄着拐杖到菜园去看看，看看萝卜肥了没，看看丝瓜绿不绿。

外公啊！在那并不遥远的村庄，您还在和钟声赛跑吗？您跑了一辈子，是时候坐下歇歇了。

聆听着钟声，我的眼前又浮现出了这样一番场景：一个老人拖着木板车蹒跚在乡间的路上，夕阳把他的背影拉得很长，很长……

# 美，暖溢

池 磊

饭后，轻轻提起一杯香茶，茶叶在水中微微舒张，笼上了一层墨绿，喷散着香醇馥郁。随同《开学第一课》，浮游于美的世界，笔触微微，感触萌动，在纸张上留下了点点墨迹。

今年以来，一幕幕动人的画面，在《开学第一课》的屏幕上，缓缓驶过。"最美司机"——吴斌，令我潸然泪下。

在高速行驶大巴的过程中，一颗巨石，滚落，穿透了玻璃，重击吴斌腹部。剧痛，瞬间以点扩面，猛袭全身。可是一双钢筋般的铁手，紧紧地扣住方向盘，脚踏刹车，直至危险消除，才倒在了座位。我惊叹："一个人在生命薄如纸片的时刻，被意外洞穿，在意的却是他人。"生命诚可贵，但他却以自己的生命为代价，为素不相识的二十四个人，开辟了一片属于他们的生命天空。

美，化开了，暖暖的，沁上心头，眼眶也微微发热。一滴泪，落入我的心灵之泉，从此沸腾。

在朦胧的泪眼中，继续观看节目。

"没有完美的个人，只有完美的团队。"陈一冰的一句话与我的心灵产生共振。

如今，我们无时无刻不在团队之中。学校，班级，小组，家庭……我相信，只有合作才能构建完美。

我们应当尽自己最大努力，去为团队奉献，让整个团队坚不可摧，流彩四溢。并且，我们应与整个团队心并心，以自己最真实的一面与伙伴交流。并在团队危机时，愿意用身躯抵挡。正如乔布斯引导的Mac团队（麦金塔），它们虽然承受着乔布斯的无常的喜怒，但却实现心与心同频率地跳动。就这样，他们为计算机的未来画板添上了最炫丽也是最重要的一笔。

《开学第一课》结束了，细嗅茶的芳香，我用杯盖轻沏。浓雾中，于丹老师的身影缓缓聚集，明晰。低下头，细细回忆那三锅滚烫的热水，与三个被人类赋予情感与思想的物品……

渐渐，我再次嗅到芳香，它蕴含着一种令人彻头彻尾清爽的融合美，淡淡地萦绕在我的心头。

"世界都是骨牌效应，人人之间都有关系。"吴克群的歌声，也淡淡地融入我的心中。

美，暖溢。

美有许多种，温暖人心的当属最美。

# 枇杷树下的约定

若 伊

"外婆要陪我一辈子哦。"高大的枇杷树下传来童稚的约定，和老人咯咯的笑声。一阵清风吹过，孩子的马尾辫在风中摇曳，老人短短的碎发被吹得凌乱……渐渐地，枇杷树在飘移，高山，绿水，古老的房屋，"汪汪"的狗叫声，变成一场幻影，被风吹散……"啊，又是这个梦。"我醒来，打开窗子，享受着清晨大自然给予我的沐浴。这个梦，做过好多次了，记忆一下子又涌上心头。

乡下的暑假最凉爽最有趣味了，每个暑假我都会从城里回到乡下的外婆家度过。我站在外婆家门前，高高的枇杷树在我的头顶，把她结满的果子给我看。我像是想起什么事似的，像只疯猫一样乱叫着。我冲进屋里，把正在午睡的外婆闹醒了。"外婆，外婆，枇杷成熟了，给我摘好不好？"撒娇似的恳求。"等等，现在日头太大，我睡醒了，就给你摘好不好？"我嘟着小嘴出去了，坐在餐桌旁，嘴里叼着根狗尾巴草，把围绕在菜上、蠢蠢欲动的苍蝇扫乱，把狗尾巴草当作自己的手一样，不停地摩挲着盘中的雪梨与红苹果。

不行，再怎样打发时间也没用，都很无聊。我耐不住这午后，还是再跑去外婆的房间，外婆被吵醒。"外婆，我们现在就去摘吧，等等枇杷万一就不好吃了。"我没理由却硬找理由。"再等等吧。""不要，不要，我现在就要吃，现在就要吃。"我耍起赖来，赖在地上不起。外婆不忍心，最终还是起来了。我用死皮赖脸这一招，最管用了。外婆拿了两顶草帽，一顶大，一顶小。外婆戴上了大草帽，帮我戴起小草帽，可草帽再怎么小，对于六岁的我来说还是很大。外婆把草帽轻轻地往后拉了拉，把我被遮住的半个脸露了出来。我帮着外婆拿了把梯子，来到树下。说是我帮着摘，实则我只是扶着那梯子罢了，外婆把梯子架到树边，一步一步小心翼翼地爬上去。现在想想，那时的我真是太不懂事了。外婆已经渐渐年迈，而我仍是那么任性。外婆把枇杷从树上一颗一颗地摘下来，我在树下捧着个大笑脸，用手接着，手装不下，就把衣服网成一个兜装着。摘得差不多了，外婆又慢慢地爬下来了，我把所有的枇杷放在地上，拿起一个枇杷，剥开皮来，那枇杷令人垂涎欲滴，我迫不及待地咬下一大口。呀，有点酸，我还是觉得好吃。外婆看着我吃得开心，满脸幸福的笑容，自己也特别开心，幸福地笑了。或许对于外婆来说，外孙女的幸福便是她最大的快乐，最大的心愿。

　　我笑嘻嘻地看着外婆，外婆的额头上满是一颗颗黄豆般大小晶莹的汗珠，晶莹的汗珠缓缓流下，好像为我再辛苦也是值得的。我用小手轻轻一抹汗珠，外婆笑得特别开心，特别幸福。外婆真的好容易满足。我对外婆说："外婆，你不可以老去，要一直一直陪着我，即使到我出嫁那天，也不可以离开。"那时虽然还小，但也明白外婆长期以来生着病，好像是治不了的那一种，许下这一个小小的约定，是为了自私地留住外婆，也是为了自己的心安。外婆惊愕了一会儿，但还是摸摸我的头笑着对我说："好，一直陪着。"我那时六岁，不懂世事，但却特别开心，只因为"一直陪着"。

　　高大的枇杷树被风呼呼地吹来吹去，对于六岁那年的那一时刻，我只觉得：小草更柔软了，天空更蓝了，最害怕的狗狗小黑那时也特别可爱。风吹着大地，枇杷叶遮挡着夏日带来阴凉，我与外婆小小的约定在那一刻化为永恒。

人终究是会去的，我们终究是逃不过这宿命的。外婆去了，终于还是忘记那小小的约定，去了。我仰仰头，天还是那样白，地还是那样硬，人们依旧忙碌着各自的生活。那年葬礼的时候，我悄悄跑回去过一次，枇杷树还是那般高大挺拔，只是带着些岁月遗留下来的沧桑，小黑"汪汪"地叫着，或许它还不知道外婆的事，或许它知道只是在安慰我。我蹲下来，摸摸它，一瞬间，我明白了什么是"物是人非"。

风擦着我眼角的泪痕，我心中默默念：外婆，当年的约定，你还记得吗？你还好吗？

# 清 明 踏 青

037

洪　萱

这是今年开春以来难得的好天气，许是突发奇想，一行人就这么踏上了周末的悠闲旅途。

春天的早晨还带着冬天的寒气。我稍稍眯起眼，看着市区里惨白的天空，如释重负般呼出一口气，对于接下来的旅程，心中充满了雀跃。

车子渐渐驶离市区，路开始渐渐颠簸和弯曲起来，对于我这个习惯了舒适和平坦的路的人来说，心中生出一丝兴奋，这么胡乱地想着，却已到了。我赶忙拉开车门，满足地伸了个懒腰，看着这儿蓝蓝的天空，感受着脚下略显粗糙的砂石地，心想，这才是真正的接地气啊！

我们一行人朝着"氧吧"的方向走去，两边高大笔直的杉树为我们投下片片绿荫，我抬起头看，却也只看见阳光被树叶的间隙剪成细细碎碎的光斑，温柔地撒在我们的脸上。此时，我莫名地想起一句诗，"曲径通幽处，禅房花木深"。不知这儿的最深处，有没有那极美的"花木"呢？大家都很默契地没有开口说话，享受着在这个城市缝隙里难得的宁静。脚步声沙沙地不绝于耳，我侧耳倾听着细细的水流抚摸在石头上的声音，惊奇于大自然的美妙，沉醉于其中。母亲问我为何不拿出相机留下这惬意的一刻，我微微一笑，心中想着，我能带走她的魂灵吗？

抬眼望去，岸边树林荫翳，摸着垂到水面的枝条，似乎都有一股清新的气流传到了身体里，我这触摸的难道的不正是春天吗？我悠悠地划着船，眯着眼睛看向远处，收起桨，"从流飘荡，任意东西"，忽然有了些吴均先生的开阔心境了。

就这么，圆满地结束了我清明的踏青。

# 生当作人杰，死亦为鬼雄

徐　畅

短暂的秦王朝如昙花一现，瞬间覆灭在历史的滚滚洪流中。依稀的烟尘里，矗立着流传千古的英雄人物——项羽。八千铁骑踏破了秦王的春秋大梦！四年的"楚汉之争"以失败告终，自刎于乌江。但他"不肯过江东"的英雄气概在历史的洪流中永垂不朽。

## 铮 铮 傲 骨

"彼可取而代之！"见到秦始皇至高无上的威严，众人早已匍匐在地，唯有项羽丝毫不为秦始皇的气势所服，反想取而代之！这份胆识，谁与匹敌？

早在少年时，项羽就是一个志向远大的青年，而且力能扛鼎，武艺高强。他二十来岁便和叔父项梁南征北战，驰骋疆场，立下无数战功。巨鹿之战，敌众我寡，实力悬殊，而项羽豪气冲天，身先士卒。他下令破釜沉舟，军士个个以一当十，使得"百二秦关终属楚"，瓦解了秦军的兵力，更瓦解了秦军的军心。

败走乌江，乌江亭长舟楫相待，让他回到江东重整旗鼓，卷土重来。但，项羽的豪气使他宁可高傲地死去，也不痛苦地活着！正是他的铮铮傲骨，使我由衷地敬佩。

039

## 儿 女 情 长

"力拔山兮气盖世，时不利兮骓不逝。骓不逝兮可奈何，虞兮虞兮奈若何？"四面楚歌，如同一夜寒风，吹散了八千子弟。在这最后关头，一代名将想到的不是如何继续迎敌，而是陪他转战南北的虞姬和浴血奋战的乌骓马！

正是他那与治军时毫不相称的柔情，才使他的英雄形象更加丰满，才使他博得了许多同情。

## 千 古 叹 息

"江东子弟多才俊，卷土重来未可知。"杜牧认为，如果项羽东渡乌江，未必不能东山再起。可杜牧不知，有些时候，选择活着比选择死亡更加困难。

倘若项羽在"鸿门宴"听了范增的话，痛下杀手，除了刘邦，再消灭他的党羽，斩草除根，一切的一切或许就会改变。但如果那样，项羽就不再是我敬佩的那个项羽。我看中的正是西楚霸王的临危不惧、光明磊落的气概。这是一种对待人生的豪迈态度，超越了生死，超越了功利。其实，战死沙场，对一个战士来说，是一件光荣的事，死得其所，虽败犹荣！

项羽，你的人格、精神、魅力深深烙印在我的心中，亘古长存！

# 黑暗中的曙光

张雨杨

池塘之底，严厉的刑罚终于过去；池塘之底，放牛班的春天即将来临。黑暗中的一丝曙光悄然升起，音乐在他们的心中荡漾，马修老师的爱让他们充满对未来的向往与希望。

看完《放牛班的春天》，我看到了一位与池塘之底中其他老师完全不同的学监——马修老师。他的到来，给池塘之底的黑暗，增添了一丝曙光。

这部电影从两个老人看马修的日记本开始，用倒叙的手法描述马修在池塘之底所经历的事情。池塘之底是一所拥有体罚与禁闭室的管教所。学校里的全是问题儿童。校长用残暴的规章制度管理学校，孩子们动不动就要被关禁闭，受罚。马修见到这一切，决定用自己的方法来改变学生们。他用音乐激发出孩子们的兴趣，打开了他们封闭已久的内心世界。他在与校长据理力争之下创建了合唱团。在音乐的影响下，孩子们从一开始的问题儿童变成了正常的孩子们。在这期间，马修老师发现了莫朗奇的音乐天赋。这段美好时光一直持续到马修被校长辞退为止。

对孩子们来说，曙光不仅仅只是马修带给他们的音乐，还有马修带给他们的爱。

马修老师是一位宽容、善良的学监。他害怕校长毒打孩子们，就自己私下处理他们的事，反而取得了更好的效果——他们不再是被唾弃的问题儿童，他们在合唱团里学会了感恩，团结，宽恕……在马修的业余时间里，他会为孩子们谱写乐谱。在他们合唱的歌声里，我听出了许多，许多……在马修的培养下，莫朗奇成为一位世界知名演奏家。

相比起马修，校长是一位残忍的人。

在影片开头马克森斯大叔被学生打伤时，他在病床上说："我不抱怨，该抱怨的是孩子们。"还有蒙跳楼自杀，都可以看出校长制定的规定有多残暴。但是校长也有他人性的一面，在合唱团创办不久，校长会与孩子们一起踢球，甚至在办公室用信纸折纸飞机玩——是合唱团唤醒了它隐藏在冷酷之下的童心。

池塘之底，青春之火被爱点燃；池塘之底，放牛班的春天已经来临……

# 乱世浮萍

巫嘉敏

如果说战争是一首激烈的乐曲，那么思嘉丽就是曲中最高昂的部分，让我听见了她那自信的音符；如果说战争是一片阴霾，那么思嘉丽就是暗藏的白云，让我透过灰暗看见了她的能屈能伸；如果说战争是一场腥风血雨，那么思嘉丽就是风雨中的乱世浮萍，飘出了高贵的坚强，让我为之震撼。

玛格丽特的《飘》描述了思嘉丽十六岁到二十八岁的坎坷人生，让我重新品读"飘"这个字眼。

"飘"，是"飘飞"。十六岁的思嘉丽，骄傲，对自由充满向往，勇于追求。虽然有时单纯的她会执拗轻率，找不着方向，如同在风中任意飘飞，但她忠于自己的内心，自己的追求，即使迎来的是一条由错误串联的道路。

《飘》告诉我：面对纷乱繁杂的世界，拥有追求，忠于内心，是人生最重要的起步。

"飘"，是"飘扬"。狂暴的战争中，人是渺小的、脆弱的，唯有思嘉丽，在硝烟肆意弥漫的战火中，不退缩，不胆怯。在母亲逝去，家乡被毁的痛苦下，肩负起沉重的责任。残酷的现实让她学会自信无畏，也锤炼着她的坚强。

　　《飘》告诉我：在充满困苦，无路可走的境遇中，怀着自信无畏，才能主宰命运。

　　"飘"，是"飘零"。没有人能够在强悍的命运面前幸免于难，生活随时会被捉摸不透的命运撕碎，飘零。在战争中，思嘉丽屡受挫折，甚至连温饱也不能保证，但她也逐渐成长。娇生惯养的她亲自到田里种植粮食，为了寻找生的希望，她学会向生活低头。

　　《飘》告诉我：当生活处于最艰难的时候，适当地低头，兴许能发现新的希望。

　　"飘"，还是"飘摇"。多年的战争终于平息，可挚友亲人的逝去，爱人的离去，又让思嘉丽悲伤、惧怕。她的人生历经风雨飘摇，不曾停歇。当她掌心紧握的幸福与苦苦追逐的希望都随风而逝的时候，当即将迎来光明的生活又黯然失色的时候，二十八岁的她怀着坚强乐观，寄希望于明天："毕竟，明天又是新的一天！"

　　《飘》告诉我：当人生中重要的一切都失去的时候，坚强乐观，是最坚实的后盾。

　　乱世中的浮萍，磕磕绊绊，无可归依。可思嘉丽这朵乱世浮萍，以她的执着、自信，让我明白：追求是一粒种子，播种了，才会有新芽；自信无畏是不可缺少的养料，命运若让它们无法生长；适当的低头不是退缩，是在阳光又临大地前将自身掩藏；而坚强，永远是向上生长，突破重重障碍，走向更崭新一天的希望！

# 如果我只剩三天光明

罗 歆

书，是阶梯，是养分；书，贯通古，融会今；书，连接你，影响我。再一次合上《假如给我三天光明》，我望向窗外，看着那碧水蓝天，春和景明，不禁反问自己：假如我只剩三天光明，我要看些什么？

044

初看此书，体会到的是努力。四年级时，轻翻书页，油墨气息淡淡袅袅。书中，我读到的是海伦和莎莉文老师在一次次失败后不断进取，不断努力，追求成功。我于是更加努力学习，在课堂上认真听讲，课后认真做好复习预习，在一次次尝试中总结教训，终于找到属于自己的学习方法，战胜了失败。

再看此书，感悟到的是不屈。六年级，学过了"扼住命运咽喉"的贝多芬，再看海伦。在无声无光的深海里，她努力拼搏，向光明的世界游去，不惧困难，不因命运为她关上了门就兀自呆坐，而是自己开出了那一扇窗。我因此在生活中不肯轻言放弃。初学剪纸，我总是急躁下手，却看着一幅幅差强人意的作品，一次次想要退却、放弃。但每次瞥到书架上的《假如给我三天光明》，脑中总会浮现出海伦不屈的身影，于是又一次拿起剪刀，耐下性子继续修改。直到如今，我的动作愈发熟练，剪刀运用得心应手，我知道我战胜了困难，不再轻易被困难打倒。

又看此书，品味到的是感恩。如今，抚上纸张古朴的触感，再次看《假如给我三天光明》，在字里行间读出了海伦对老师、对父母、对社会上所有爱心人士的感激。感激他们没有放弃她，而是让她顽强生存，终于等到了生命的光明。我随之关注身边的细节：妈妈晚上给我一杯牛奶，外婆拉着我嘘寒问暖，爸爸提醒我多加衣服……我感受到了，那是爱，是亲人对我的关爱。我学会为妈妈分担家务，帮外婆捶背，不让家人担心……这何尝不是最好的收获？

如果我只剩三天光明，一定要好好看看这个我生活了十多年的地方，这儿有我努力的身影；一定要好好看看我的亲人们，感谢他们对我的关爱。最后的最后，在午夜来临之际，再看一眼《假如给我三天光明》，它改变了我许多许多，我不会再彷徨，哪怕只剩一瞬的光明，因为我会用努力、不屈、感恩度过我所剩的生命。

045

# 生命可贵　奋斗价高

巫　珊

在你一片茫然时，是否有这样一本书，像一盏明灯照亮你前行的道路？在你狂妄自大时，是否有这样一本书，像一位长者提醒你要沉着冷静？在你心灰意冷时，是否有这样一本书，像一剂良方让你重燃斗志？是的！有的！在我心中一直有这样一本好书，像明灯，像长者，像良药，那就是——《钢铁是怎样炼成的》。

生命的价值是什么？《钢铁是怎样炼成的》似乎告诉了我一切：书中的主人公保尔，用他顽强拼搏、至死不渝的一生，谱写出人生的壮丽诗篇：他，从小历经苦难，却始终怀抱崇高的理想；他，曾经金戈铁马，血染疆场，但从不居功自傲，追名逐利；他，从不轻易向困难低头，当全身瘫痪，双目失明后，并没有气馁、绝望，而是鼓起勇气，与病魔展开搏斗，令死神望而却步。尤其令我敬佩的是，贫病交加的他仍然如饥似渴地学习，释放自己人生的最后一份热量。他那仅三十二岁的人生历程，向我们彰显的是生命不息、奋斗不止的乐观主义精神和英雄气概。

我惊讶于保尔的坚韧与执着。每读一章，我就对他更深入地了解一层，渐渐地，原本意识中的脆弱变得坚强。

曾经，长跑是最让我烦心的事，八百米，对我来说是不可逾越的的鸿沟。我思考着：

是我没有运动细胞，还是我没有坚持到底的毅力？

是现实太残酷，还是我太脆弱？

脑海中不断浮现书中的情节：保尔经受了生与死的考验，尚且如此，而我难道就这样轻易地被八百米打败吗？不！

一次，两次，三次；

一圈，两圈，三圈。

终于，原来只徘徊于及格线的我，竟出乎意料拿到了满分，顺利完成了一次自我超越。我收获了坚持和坚强！

《钢铁是怎样炼成的》让我收获的又岂止这些！

通过时光隧道，我与保尔一同探讨生命的意义和理想的价值，他告诉我"生命对每个人只有一次。人的一生应当这样度过：当回忆往事的时候，他不会因为虚度年华而悔恨，也不会因为碌碌无为而羞愧"；他告诉我"只要有了远大的理想，人生便不会虚无和碌碌无为，灿烂与辉煌的光环将在生命中闪耀，直到永远！"

# 尽最大的努力，做最好的自己

培 烨

也许你曾因为相貌平平而自卑，也许你曾在困境中失去斗志，也许你曾因别人的欺压，而万念俱灰，可是，该放弃吗？不！一个声音从书中传来！不！不可以！

《简·爱》告诉了我答案。

《简·爱》到如今还为人称道的一个原因就在于它塑造了简·爱这个人物。她爱恨分明，坚毅勇敢。她的形象闪耀着人性的光芒，是当时独立女性的代表。

她从小寄人篱下，却从未因此变得自卑；她受到堂兄、舅妈的无数欺侮，却更加坚强；她在渥德学校感受到生命的流逝，却因此更加珍惜尊重生命；她毅然决然离开罗切斯特，拥有的是怎样的豪迈与胆量；她毫不怨怼侵占她应得的遗产的里德太太，而这又是怎样的大度……这一个个闪光点汇聚成为简·爱最突出的人物性格。

犹记得当时的简，在渥德学校面对的是创办者苛刻的要求，可是她勇敢面对了。相比之下，与简·爱同一年纪的我却在遇到苦难挫折时逃避、后退，更别说直面困难了。我为简的高尚人格所折服，也为她的勇敢坚强感到惊讶。

一页一页，一章一章，我渐渐走进了简·爱的内心。

开学前夕军训时，基地艰苦的条件、无情的烈日、不间断的训练，曾让我几度想要放弃，可每当我想要就此止步时，总会想起简·爱在渥德学校的八年：在那里她被创办者严苛地要求、被同校学生欺侮、眼见挚友的离去……可是她仍然坚持着，不轻言放弃。坚持，坚持！坚持便是成功！正如简·爱所言，"是啊，那些没能杀死我的，必使我更强大！"再后来军训的苦反而成为我前进的动力。

同样激励着我的还有简·爱面对有权有势的英拉姆小姐的贬低、欺侮时，那一席铿锵有力的话语：

"难道就因为我一贫如洗，默默无闻，长相平庸，个子瘦小，就没有灵魂，没有心肠了——你想错了，我的心灵跟你一样丰富，我的心胸一样充实！"

《简·爱》剔除了我原本的懦弱，让我学会了面对挫折；《简·爱》给了我直面困难的勇气，让我勇往直前……《简·爱》给我的影响远远不止这些，它将会伴着我在今后的人生道路上同进同行。

《简·爱》一书让我不因自己相貌平平而自卑，也不因别人的轻视欺侮而万念俱灰，更不因身处在困境而丧失斗志。让我有信心、有勇气去面对困难，战胜困难，为我的人生添上绚丽的一笔。

如果我能学得一点点直面艰难困苦的勇气，如果我能学得一丝一毫的宽恕、容忍，如果我能不放弃、不逃避，我都得感谢《简·爱》。

# 为了心中的"青铜菊花"

邓耀群

> 听你宣布解散的时候，心似乎空了。只记得，日渐苍老的你，露出菊花般粲然的笑容。
>
> ——题记

王菲在耳畔悄悄地唱，有时候，我会相信一切有尽头，相聚别离，都有时候。生命真像一场无止境的漫游，相对于承载着我们飞奔的时光来说，我们是静止的，而稍纵即逝的繁华胜景，又似乎在证明，我们正义无反顾地前行。

我们的老班姓林，是个约莫四十五的女子。她留着很年轻的马尾式的头型，很瘦，肤色呈青铜色，一副刻板的模样。然而其衣着风格又极其多变，每当看到她极单薄的身躯在宽大的裙子里荡悠，我就忍不住想到虬枝的大树，快被吹倒的旗杆，我就忍不住要发笑。

老班讲课很富有激情——虽然她教数学。每当讲到激情澎湃处，便很是潇洒地一挥手，一跺脚，再扬一下那较常人而言太小在她这样干瘦的身躯上却十分适宜的头。要是动作幅度太过夸张，还得扶一下那宽大而厚重的眼镜，然后余兴未减地敲一下讲台或者黑板。

最难忘是老师的笑容，是青铜铸就的花朵。

049

聆听钟声

老师很少笑得开怀，笑得粲然。当她宣布解散的那一刻，她笑了。脸上少得可怜的皮肤皱在一起，形成一道道深深浅浅的沟壑，像是青铜铸成的菊花，动人，而且刚毅。然而也就在那时，我忽然发觉，老班真的老了。四年的时光如白驹过隙，她把自己的青春融化成血汗来浇灌我们成长。曾经以为那样高大的人，似乎只在一瞬间就变得佝偻而且矮小了。

为了心中的青铜菊花，我们一定会加油。我希望老班知道，我们已经不是不懂她的孩子，我希望老班知道，他的辛苦，他的付出，会有回报。我希望老班知道，虽然你与我们都是不善表达的人，但为了你的笑，我们可以尽心尽力做到最好。老班，愿你的生命中常开菊花！

相聚别离，都有时候，等到把风景看透，老班，我们回来，陪你看细水长流。

050

# 重　生

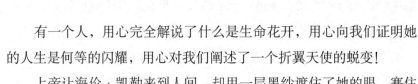

许周博

有一个人，用心完全解说了什么是生命花开，用心向我们证明她的人生是何等的闪耀，用心对我们阐述了一个折翼天使的蜕变！

上帝让海伦·凯勒来到人间，却用一层黑纱遮住了她的眼，塞住了她的耳朵，使她坠入了一个黑暗而又沉寂的世界，陷入了痛苦的深渊，直到那一天的到来……

"那个来对我启示世间的真理、给我深切的爱的人——安妮·罗莎莉老师。"

至此她黑暗的世界中又多了一丝细微的光点，在生根发芽，迅速生长，渐渐照亮她的黑暗与虚无。

罗莎莉老师闯进了海伦的内心世界，渐渐地，这世界散发的蜕变光彩，也活泼了起来。

白驹过隙，时光荏苒。时间如沙漏般从手掌间、凝然思考的双眼间逝去，而海伦也从当初"残疾"的小孩成长为一个真正的成功者。

到底是什么成就了她呢？

宋朝李清照写的《夏日绝句》中有这样一句："生当作人杰，死亦为鬼雄。"我觉得正是这种意志，才成就了海伦的一生。文中说的也是如此："是知识给了她生活的勇气，是知识给了她接受生命挑战的力量，使她能以惊人的毅力面对困境，终于在黑暗中找到了人生的光明。是知识使她产生了一种信仰。"

也正是海伦这种锲而不舍的精神成就了她。除此之外，那就是罗莎莉老师的支持和鼓励。

"宁为玉碎，不为瓦全。"玉碎了，连片瓦都不值。如果海伦没有如此坚定的意志，向世界低头，世间会少了多少的光彩？而她只能做瓦片（有用而却又显得无用），也只能过瓦片平凡的生活了。但是，但是她没有，在罗莎莉老师的帮助下，历经千辛万苦有了这样成就，罗莎莉老师在海伦背后，守护着她，支持着她，激励着她。其实，罗莎莉老师才是那块美玉，自甘打落成瓦片，盖成屋顶，不论风雨，守着她屋里这块璞玉。

命运也许原本只想让海伦做个普普通通的人，之所以现在还有许许多多人记得她，是罗莎莉老师给予了她重生！

瓦全，不让玉碎。就只是这样，罗莎莉老师为了成全海伦，自甘落为瓦守护她，在课文《再塑生命》中，小海伦问，什么是爱？至此，答案已不言自明，这就是爱！

海伦的世界已被照亮，海伦的坚定意志和罗莎莉老师的帮助，继续生根发芽着……

# 爸爸的目光

肖逸萱

爸爸戴着一副细黑框的眼镜，厚厚的镜片被磨得有些花了，像是布有蛛网尘粒的玻璃盖挡在他眼前。有时遇到腾腾热气，镜片上立即被雾气覆满，完全遮蔽了他的视线。时间一长，他的目光，也就钝化了。

目光一黯淡，这人就显得有些呆，有些愚。他在日常生活中也常是不很明白的，糖盐混淆，酱醋不分；烧菜会焦，煮面会糊；甚至连倒垃圾将桶一并扔了的糗事也会发生在他身上，真是令人啼笑皆非。我常常拿此类事情使他难堪："据说家门口的垃圾桶里多了一只小桶，看来数学天才还身兼了生活白痴的角色。"而他却推了推那副眼镜，仿佛要将顽固的蛛网尘粒抖去，故作明白镇定的样子："都是细节，细节……不要在意这些细节！"

然而，细枝末节的事，却常常是值得一话的。

我常常会在第一时间向他汇报考试成绩，而他的反应却常常反常道而行之。

某次期末考中，我吉运大走，居然喜得佳绩。我的心仿佛鼎沸了一般，扑通扑通要跳出我的胸膛，我的急性子是一贯按捺不住激动情绪的。我边喊边叫，蹦着跳着，双手舞动着冲出房门，到他的座位前竟来了个急刹车。我试探性地问了一句："老爸，据说成绩出来了哟……"他乜斜着眼睛看了看我，声息平稳地说："这样啊，那你接下来有什么打算吗？"看到他那副不动声色的模样，我更是激动难耐，一股脑儿像放喜炮一般汇报了自己的成绩。正当我醉心地等待着他漫天的夸奖时，却看着他握着杯柄欲送往嘴边的手在空中作了短暂的停留，然后又继续向嘴边送茶水，而他的嘴，只呷了一口不知浓淡的茶水。那茶水散出的热气漫逸开来，凝结在了他的眼镜上。他的眼神，是欣喜，是平淡，一时看不清楚了。我只记得没有嘉奖，没有夸赞，甚而连一句鞭策的话也没有！

　　我这个人，向来是报喜不报忧的。考得好，自然就喜形于色，一看就心领神会了；要是考得不好，也就是目光有些缓滞，较平日里少了些言语，不察言观色一番还有些难以觉察。还好，做老爸的总是时刻关注着女儿的行为表现。看着我闷闷不乐的模样，他就会停下手边喝茶的动作，将茶盏放下，盖好杯盖。此时，水汽氤成向上的白烟，在空中散开。接下来，他说的话仿佛拨云见日一般。他摘下眼镜，用衣角擦了擦，将它重又戴正了，才一本正经地说道："考试，战略上要藐视，战术上要重视。所以，考差一回，倒也没什么大不了的。"此时，我心中积累的不快，仿佛真的在短暂的时刻间，顺着他的话语，随着那白烟一同散去了。

　　现在想来，欢喜浓艳处适时的迟缓不失为一份淡然明悟，那是任何厚重、刮花的眼镜都无法遮盖的真实品质；而在境地消极处的一语轻快，又怎不是一种随性乐观，这是不需要钝化的镜片去衬托的美好精神。

　　想必这就是老爸带给我的一份珍贵的教益吧。

# 成长的故事

徐佳慧

　　我相信，"成长"是人们恒久不变的话题，因为，每个人都在一直成长着。

　　那天学习《爸爸的花儿落了》，学到"英子闯练做事"一段，我不禁想起了小时候的一段经历。

　　那时的我，大约四五岁吧，经常去爸爸的店铺玩，但那时不善与人交际，便终日待在一个小地方，自己和自己玩。许是后来父母亲注意到了，便时常让我去同一条街的小卖部买东西。我照着做，只是去时总是想着要快些回来，与那店主老婆婆的交谈大概也只有"这个多少钱"寥寥数字。但渐渐的，与那老婆婆的交流多了。如今想起，大概是因为她为人本就亲和，又或许是因为她常常对我喊的那句"佳嘉惠"逗笑了我。我出生前后，附近便多了个"佳嘉惠"超市，那老婆婆也就顺带着这么叫我了。总之，我在她店里的时间越发长了，时常是自己跑去和她聊天。渐渐，彼此就熟稔起来了，有时去买东西，她甚至不愿要我的钱，而我一直坚持给她。或许，从那时起便潜意识里有了这么个原则。老婆婆禁不住我的坚持，后来就很高兴地收了钱。我想，那份高兴并不是因为多了几元钱收入，而是对我小小的固执的喜爱。

我虽不善交际，不如英子般"闯练成功"，但也略微敢与人打交道了，而且，随着年龄的变化，我越来越明白做事情要在理，越来越有了自己的原则。

在我入小学后不久，一件令我印象深刻的事发生了。那日下午，天空突然下起倾盆大雨。放学时，我慢条斯理地整理书包，想着今天爸爸不在，没法来接我，我又没带雨伞，怎么回去啊？出了教室，在走廊上，如往常般去看校门口，果然没看见爸爸，但却一眼看到了妈妈——她在人群中显得突兀，一手抱着弟弟，一手撑着雨伞。她看我没等她过去便奔向她，问了句："淋了很多雨吗？"说着又将伞递到了我手上。现在想来也很是感动：她从未接我放学，所以早早地就站在校门口等。之后，不想让父母担心，一直无论风雨都带着伞，也连带长了记性。

055

大概十岁时，爸爸常出去应酬，去时满身干净，到家便一身酒味。那日，他如往常般去喝酒应酬，回家时却来找我做了次谈话。谈的内容不多，无非是对我的期望，他的担心，也就是身边亲戚朋友中不认真学习的人和事。我知道他对我的期望一直很高，但却是第一次这般找我谈话。之后，他也常这样做。而我也发现了，他总是醉酒时讲，借着酒劲对我进行教育和提出意见。我知晓他一直不善言辞，如今，更感到他用心良苦。之后。我渐渐不似从前幼稚了，喜欢用大人的思维去看待事情，也就是在和朋友们玩时才会体现自己的玩心。到现在，妈妈常讲我越发像个小大人了。

成长的乐趣我还在体验，只不过，对生活的认识更加深刻，对"成长"二字也体会更深了。

# 爱，创下一片蓝天

陈 玥

　　我的书桌上有五棵亭亭玉立的富贵竹，它树立在一个不起眼的饮料瓶中，没有一丝枯黄，尽情流露出无限的生机。每当我遇到烦恼而愁眉苦脸时，只要看见它，总能使我振奋，在刹那间增添无穷的力量。

　　那是临近阳春三月的一个周末，我与父亲一同走在回家的路上。路过楼下的花店，与以往不同的是，店门前的树下多了一盆富贵竹。它虽然挺拔，约有两米高，但并不郁郁葱葱，反而有些萎蔫，低垂的叶子上泛着黯淡的枯黄，有几只虫子在脸盆宽的花盆里爬行。这使我们意识到了一点：这是被店主抛弃的。

　　我只想赶紧回家，于是催着父亲赶紧走。父亲凝视着这盆富贵竹，冷静的眼神里仿佛在思考，父亲回头看着我，坚定地说："我们把它带回去，或许能救活它。"我惊讶地看着父亲的脸：温和但坚决，我疑惑着父亲为何有这样的想法。它不是小盆栽，它是有着两米高、足有四十棵，而且塞满在巨大花盆里的富贵竹啊。

　　我想劝父亲放弃，便晃着他的手臂，说："算了吧，这么大的植物家里怎么摆得下，再说这么重，怎么搬回去呢？"父亲似乎觉得有些道理，我本想再加把火，让他彻底放弃这个想法，可父亲轻轻抚摸着富贵竹，眼睛里透露着丝丝怜悯，"难道要眼睁睁地看着它自生自灭，放任不管吗？"我也犹豫了：是啊，如果见死不救，叶子会一片片枯黄掉落，虫子会一下下啃咬侵蚀，最终繁盛一时的它也会走向生命的尽头。

最后我们决定，选择五棵带回家养着。

我很看不好它，认为它只能再活两个星期，毕竟这是剪下的，并没有根。它脱离了泥土，变成了水植，虽然暂时保住了命，但一天天的逐渐枯黄。于是我就拿起剪刀，修剪枯枝，以免影响到它的生长。

过了艰难的两星期后，不知不觉，它不怎么会枯黄了，我修剪得也越来越少了。

在一次给它换水时，竟然发现它长出了白白嫩嫩的根须，仿佛春笋在甘霖滋润后的生长，嫩叶在春雨浸润后的发芽。

夕阳的余晖透过一层层竹叶间的缝隙，洒在温暖的地面上，成了落满一地的金子。我的心里似乎有源源不断的甘泉涌出，阵阵甘甜灌满了心间。我第一次意识到，我挽救了濒临绝境的生命，我因此也收获了一份人生最珍贵的财富：爱，可以创造出人生的一片蓝天。

057

# 阳光的味道

黄 仙

雨，忽急、忽缓、忽飘、忽洒地下了一夜。终于在黎明来临之际，悄然而止。雨后初晴，缕缕阳光洒下，沐浴着和煦的阳光恩赐，心中荡起层层涟漪。

时光回溯，那时，懵懂幼小的我却经历着人生的晚秋，满地落红，狼狈不堪。许是失去至亲，让我倍感难受。为此我恐惧了好几天。梦里，我看见外公站在我的面前，没有半点言语，愁苦的脸上充满希冀。身后一束阳光打下，外公的身上洒满了光芒。此刻，他缓缓伸出他的手，是一双饱经风霜的手。不由地，我眼里一疼，豆大的泪珠打在手上，在阳光的折射下，显得异常亮丽。我贪婪梦里阳光的美好，渴望美好的阳光再次闪烁。因为那是明媚的阳光，甜蜜的阳光，是亲人无言凝望的深情目光。

回拨时钟，那时，偶然间听说了她的故事，她是一个相貌不出众，但文采颇佳的人。她说，有一年学校组织游玩，男同学只记得漂亮的女同学，女同学都忽略了她的存在。她坐在草坪上看了一个下午的阳光忽暗忽亮。她说，今天一定是她收获最多的一天。我只是笑笑，沐浴了一个下午的阳光能有什么收获，我认为这只是她找台阶编织的美丽谎言罢了。

直至那年夏天，我在一次考试中失败了。我异常沮丧，坐在草坪上抬头望天空，刺眼的阳光直击我内心深处，荡起层层涟漪。考试失败，失去亲人，让我一时缓不过神来，莫大的压力使我彻底崩溃。但阳光依旧闪耀，照亮了眼角落下的眼泪。沐浴了一个下午的阳光，我似乎明白了朋友的言语。为什么不放下苦闷？为什么不立足现在呢？我倏地站起身，眺望远方。此刻，我分明嗅到了异样的阳光——是振作的味道，明亮的味道，那是失败时永恒的陪伴。

明媚，甜蜜，亲人。振作，明亮，陪伴。微风轻抚，阳光依旧。

我闻到了阳光真正的味道。

阳光的味道如此美妙，只是我们不懂感受。微风轻抚，阳光依旧——释然，愉悦，盈然。

# 做人要像棵大树

　　这树就像人一样，人有脊梁，树也有脊梁。你看，白杨是正直的，才显得勇敢；君子松是正直的，才显出孤傲。树生得直，就显得高大、壮阔；人挺得直，才显得伟岸，一身正气，这就是精神。

# 花落的烦恼

刘汉婷

父亲爱花，在外奔波劳累、空闲归家时不忘摆弄鲜花。放置在阳台、桌上或是窗边。假期的家里总是漫溢着花香，随处可见绽放的鲜花，让人有"俯拾朝花，且行且珍惜"的心境。

父亲曾在将要离开家回到公司的时候，赠了我两枝还未绽放的玫瑰，插在一个精致的花瓶里，放置在我书桌的一角。它们像两位娇艳的少女，一点一点地绽放自己的美丽和华贵。坐在书桌前读书时，就好像有人在默默地注视着我。抬头凝视着花朵，好像深红色的漩涡，让我不知不觉地陷入其中。又好像父亲的眼神，温柔又充满鼓励，让我又打起精神，投入到紧张的学习当中。当我带着一天的劳累，闻到那沁人心脾的芳香，一切疲倦和烦恼都清扫而空。不知不觉，那两朵玫瑰仿佛成了我生活中不可缺少的美丽。

那年的雨季，曾祖母去世了，一家人赶往老家奔丧。我第一次尝到失去挚亲的痛苦。天空阴沉，像蒙了一层灰布，明媚的阳光一直没有出现。悲伤像一块石头紧紧向我压下，逼得我喘不过气来。我终于度过了黑色的三天，在返家的路上，我十分想念我的家，还有书桌前盛开的玫瑰花。可当我推开房门，却发现玫瑰花朵垂下了头，花瓣也打蔫枯黄，散落下来，失去了往日的美丽。一股悲凉便由心而生。曾经缀满花枝的美好，随着故人的离开，花落满地。

我撤去花瓶，那抹艳红已消失不见，那抹芬芳也不见于空气。我的房间显得那样单调无味。我曾一度无精打采，被亲人离去的阴影笼罩着陷入一片混沌，浑浑噩噩。

一日清晨，我如往常推开窗户时，却发现了意外的惊喜。花盆里那株枯萎许久的小茶树竟结出了粉嫩的花朵！我惊喜得久久不能自已，豁然开朗：生命里没有四时不变的风景，人在变，事在变。可就算是再悲凉的境地，细心去发现，就一定会有美丽的风景。我们又为何要感到悲伤？逝去的人事终不会回来，我们要向前看，前方一定有美丽的风景在等待。

# 牙签瓶口的启示

061

胡奕伟

许多小事，不要忽视它。做一个生活的有心人吧！你能从中获得一些道理。

——题记

又塞牙缝了！我着急地去找牙签瓶。牙签瓶不知被谁调到了大孔，我急急忙忙地一倒——糟了！牙签哗啦啦地跑了出来，宛如天女散花似的掉了满地都是。我急忙拿正牙签瓶，幸好及时止住，一些牙签才幸免于难，只不过掉在地上的牙签是不能用了。我又倒了一次，

做人要像棵大树

倒不出来！原来这次牙签争着探头，结果造成了"交通堵塞"，牙签孔全堵上了。我又气又恼，但看着此情此景，我忽然想明白了什么……

小时候，一个疑问陪伴了我许久——为什么拿牙签时总是使用小孔？那时，我一直觉得大孔拿牙签又快又方便：一下就出来了，多好啊。所以我经常偷偷地把牙签孔转到大孔，希望改变大人的这一习惯，让大家感受到大孔的快捷。但每次拿牙签，妈妈还是坚持把牙签孔转到小的方向拿牙签。我满脸好奇地问妈妈为什么。妈妈愣了下，不耐烦地说："小孩子问那么多干什么，你外公就是这样做的。"妈妈的不耐烦并没有阻挡住我的好奇心，我打破砂锅问到底："那外公为什么这样做呢？"妈妈微有怒气地摇了摇头，说："不知道。"我被拒绝回答，就自己思考，结果怎么也想不出来。

现在我明白了外公的用意：任何事情不能操之过急。就好比这牙签孔，太大，牙签不是倾巢而出，就是都堵在瓶口出不来。反之，小口却能使牙签有序地一根根出来，显然效果比大口好很多。生活也是如此啊！我检讨起自己的过往：我从小做事总是风风火火，毛毛躁躁，力求最快，但随之而来的是各种麻烦——做事丢三落四，经常摔伤等等。记得有一次，家里电话铃响了，我兴冲冲地跑去接，结果跑得太快，撞在了茶几的角上，划出了一道血痕，龇牙咧嘴地痛了好几天。回忆往事，感慨万千。看着牙签瓶，我暗自下决心今后一定要好好改掉这个坏毛病。

"胡奕伟，你在那干什么呢？"耳边传来妈妈的声音。我一边应着，一边把孔转到小孔，轻轻松松地拿出了牙签，走向妈妈，说："我取一根牙签，您需要吗？"

我永远不会忘记牙签瓶口给我的启示。

# 一张假币的期待

刘　馨

我是一张假币。

在我心中，一直有一个小小的、微不足道的梦想——

我多么期待人们会把我关起来，锁起来甚至是将我毁灭！

我诞生在一间阴暗的地下室里，我的主人——一个看起来就如狐狸一般阴诈的中年男人，用我，从菜农那换来了一斤青菜和一大把零碎的、正常无比的纸币。然后，他拍拍屁股扭头走了。不多久，我便听到菜农的一声惊呼："天啊，是假钱！"深重的罪恶感伴随着这一声惊呼，缓缓地漫上我的心头，如同千万只蚂蚁在腐蚀我一般，漂亮的衣裙上，也似乎涂上了一层污渍。

"把我交给银行吧，那儿才是我真正的归宿！"我在心底期待地呐喊着，可是没人听得见。菜农沉思了一会儿，把我放在他那枯瘦的手中仔仔细细反反复复地揉搓着，然后，他走向一家正在忙碌着的肉店。我忽然惶恐不安起来。一会儿，他就用我换了一斤肉。当我被送到那个看起来十分忠厚的大叔油滑而稍微有一点肮脏的手中时，我的心仿佛被千军万马踏过一般，"隆隆"地阵痛着。

然后，我又被送到一家卖水果的大婶手中。

人们发现我是假钞，都是几分痛苦几分无奈又夹几分愤恨，但都

063

做人要像棵大树

想方设法将我易手他人。我目睹了农民痛苦的表情，闻听了肉店老板愤怒的骂声，我的心仿佛在破碎，在滴血。我是多么期待，有一天，有人可以把我从罪恶的深渊里救出来，把我送到银行，哪怕是派出所抑或是毁灭也可以啊！只要不要让我再为害世间……

我渴望着，期待着，盼望着……

# 做人要像棵大树

夏泽林

064

傍晚，我同父亲一同漫步在院子里。月亮才刚刚爬起，四周寂寥无人，整个世界一片祥和与宁静。

走得累了，我便傍在一棵大树下稍息。父亲在我身旁，看着一棵枯老霜残的歪树，若有所思。

猛然间，一阵狂风吹来，吹得歪树乱颤。"咔"的一声，一大截枝条从树上断落。

我指着树，说："这狂风也无情，好端端地折断了人家的臂膀。"

父亲说："风大，那是考验。"

狂风依旧，父亲说："孩子，你看这树，它是歪着长的。盘来扭去，就像是蠕虫，没有主心骨。因为这样，它就长得小，它就是受欺负。"

我看了看，确是如此。

月光照在树上，反射出星点大的光。原本狂躁的风见了那美妙的月，吹得更热烈了。

迎着风，父亲正直地站着，风吹动他的银发，带起他的衣角上下翻飞，但他却如一棵松一样屹立在风中。我说："爸爸，您真像一棵大树。"

父亲笑了，指着我所依傍的大树说："它就是我的榜样。你看这棵大树，高、壮、正直，树叶挨着树叶，枝条连着枝条。它之所以能这样繁茂昌盛，全因为它长得正，生得直，这气场自然就不一样。"

风，鼓起全身的力气向北疾行，仿佛拉响了五弦琴，发出疯狂的沙沙声。我站起身来，突然听见"咔嚓"一声，那歪树的枝条又断成两截。而此时的大树随风摆动，仿佛在与风共舞，遒劲刚强，充满力量。我笑了，说："这树和狂风真是一对好兄弟，你看他们相互交流相互考验，却仍摇摆得那么欢乐！"

少顷，风定云墨色，大树与风的较劲告一段落。歪树在惊悸中结束了它的噩梦，而大树抖擞精神，又重回往日的伟岸。

065

父亲摸摸我的脑袋，对我说："这树就像人一样，人有脊梁，树也有脊梁。你看，白杨是正直的，才显得勇敢；君子松是正直的，才显出孤傲。树生得直，就显得高大、壮阔；人挺得直，才显得伟岸，一身正气，这就是精神。"

月光朗照，树叶闪着银光，我望着大树，若有所思，背，在不知不觉间挺得笔直。

从此，我便记下了这句话，时时警醒自己，不做歪了斜了的小树，更不做歪了斜了的人。是啊，做人就要像棵大树，正直伟岸、坚韧不拔！

# 半 幅 画

刘佳敏

父亲是大山中走出的孩子。

父亲的求学之路，就像是黑白影片中的老镜头。天未亮，他就背着书，带着一周的干粮，走去山的那头。路长得，像是没有尽头。而我的父亲，他走了十几年，却从未迟到过。

父亲可以走得慢一些或是在半路停下，甚至可以选择少去几天。可是他没有，一天都没有。他就这样反反复复走了十几年，最后走出了大山。

父亲的童年能用什么去形容？是贫穷带来的辛酸？是没有尽头的山路？还是那一份镶到骨子里的坚持？

我认为，是坚持。因为这份坚持，让父亲走出了大山，让父亲走出了那没有尽头的山路，也让父亲洗去了贫穷和辛酸。

于是，我的父亲把它带到了家中，作为家风。

可是，我却是一个容易放弃的人。幼时，我就喜欢拿着蜡笔在纸上画画。记忆中的画纸好大好大，大到小小的蜡笔总是填不完它。所以我总在画到一半时放弃。这时，父亲总会皱着眉头出现在我的面前，拿起画纸看。画纸在他手中是那么小，小到只有他的两个手掌差不多大。看完后，他总是强迫我把它画完，当我大颗大颗的泪珠落在画纸上时，我那么讨厌父亲，讨厌他的那种坚持。

再有是更后面的事情了。那时，我刚学会写生这项画法，总爱在放假时间或者周末，到乡村里画画。起初，我的写生技艺甚是生涩，速度更别提有多慢，但却什么都爱画。洒满天际的余晖，风雨潇潇中的残花，环绕青山的浅雾，还有好多好多，我都想把它们画下来。可是这些画，总是一半一半的，因为我没有足够的耐心把它画完。或许我还没有被那份坚持所影响吧。父亲每次看到这些半成品，都忍不住会念叨几句：奇怪！我的女儿性格怎么会这么不像我？

日复一日，在父亲的熏染下，我也渐渐学会了坚持。画作越来越多，获奖越来越多，父亲脸上的笑容也越来越多。还是会有一些较大幅的画被我遗弃在某个角落。也许是我还没有经历过那样的苦，没有走过那样长的山路，没有历经过贫穷带来的辛酸，所以我还没有一种镶到骨子里的坚持，这是我的遗憾，也是我未来努力的方向。

我想回到父亲的那个年代，看看曾经那个执着的孩子走完他的求学之路。我在山路的尽头望着他的背影渐行渐远，看着他走过曲折的泥路，看着他踏过荒芜的田地，看着他蹚过湍急的水流。看着那个孩子最终走去了远方，那个没有曲折泥路的远方，那个没有荒芜田地的远方，那个没有湍急水流的远方。

但孩子的身上，依然带着那份坚持，那份让他走出大山的坚持，并把这份坚持给了他没有走过山路的孩子。

# 冰川深埋的温暖

李恺玥

家里的氛围一直是我搞不明白的。

妈妈不允许我讲一句粗话，哪怕一个肮脏的字眼，只稍一不小心说出了口，等待我的就是脸上的红痕。说不介意是假的，可在母亲严厉的目光中，我还是选择了退让。

我常常埋怨外公外婆的思想总是停留在过去的封建时代，儿女就该无条件地服从父母，哪怕是错误的。让我真切明白他们对父母、舅舅、舅妈以及对我们的深切的爱，是在一个星期天的夜晚。

月朗星稀的冬天晚上很冷，但在家里，吹不到瑟瑟冷风，自然就没多大感受。我在房间微黄的灯光下，听见清脆的"哗啦"一声。我本不在意，可外面的骂声让我心神烦乱，出了房间，才知是表弟打碎了玻璃杯。

我做了几乎每个处在叛逆期的任性儿女都会做的事，"吵什么！我在做作业不知道吗？不就一个玻璃杯。"

当我正打算潇洒离去的时候，看见长辈都用"你太幼稚"的目光看着我。依稀记得那时我才八岁，那时候，我就看着长辈们神色各异，唯独外婆在小声地哭，可这哭声偏偏在我稚嫩的心里留下了不可磨灭的印象。家里明晃晃的白炽灯下，微微蜡黄的面庞，泪痕像丑陋的弯曲的山沟，抽泣声不大，但在几乎只剩下急促的呼吸声的客厅里，像是寂寥空旷的教堂里仅剩的钟摆摇晃声，一下一下地直击心房，显得异常清楚，偏偏还余音绕梁，像是霸道并且十分蛮横的租客，不付一分钱抢占了心房的位置，建起了专属的城堡。我仿佛看见我和她之间长久得仿佛一个冰河世纪的隔阂，被不知被从何而来的热度悄然融化。

后来，我才知道，那是比当时的我更幼稚的表弟打碎了外婆给他的茶杯（里头是外婆亲手倒的茶），因为苦。了然的瞬间，我的心仿佛也浸在了那种味道涩然的茶中，不是窒息的感觉，只是每次见她，心里都钝钝地难受。

自此之后，我便学会了如何才能让一个爱自己的人不受自己的伤害，行为上也礼貌了不少。家里人都夸我长大了。只有我知道，是那冰河世纪里深埋的火热，让我成长。

我大约十岁的时候，迫不得已，在母亲的各种威逼利诱下，我屈辱地被带到厨房，哑然地看着满屋熟悉又陌生的厨具。我以为她虽然不会手把手地教我，至少也该示范一遍，再不济也应当在一旁指导，哪料她就几句话："平常看过我怎样炒青菜吧……先洗菜……"她一字一句讲得颇是具体，但我实在不确定我是否能把它们完全记住并准确无误地实施，又实在不敢回去把已经入睡的她吵醒。作为她的女儿，我深知吵醒她的后果。

深吸一口气，心一横，我也就照着她平常的样子按部就班做起来，除去差点忘了放盐之外，似乎没什么严重错误。只不过有几棵青菜染上了一点点的黑色，略有些焦了，我将其挑出来，毫不留情地丢进垃圾桶里，在饭厅等着被褒奖。

"不错。"她表扬的话在我耳边响起，我才舒了一口气，便又听得她说："没有炒焦的或者不熟的？"她看着我，就像审讯官面对被审讯的犯人，用犀利的目光剖析终将水落石出的真相。

我没骨气地掩饰般地干咳几声，"其实……有，被我扔了。"

话刚出口，还没来得及听见法官嘴里的判决，只见人影一晃，母亲的目光射向厨房垃圾桶里隐隐露出的绿色，"这么大了，还不懂得节约粮食？"这一声语调骤然拔高，让我颇有"山雨欲来风满楼"之感，头是要多低有多低，示弱的姿态才刚摆好，就听得免死金牌的出现，"不过，看在你没有说谎，炒的水平也不错，功过相抵，也就不骂你了。但是下次要注意。"

我只知道，那日母亲严厉的眼神，很像在冰天雪地里沉睡了多年的火山，倏然喷发，眼神刺在身上的感觉很有真实感。于是，我就在不知不觉中养成了不浪费粮食的好习惯，这自是为我赢得了不少好评。

我想，我们家的感情，大概就像是藏在万年冰川下的火热，严中有情，责中有爱，自始至终没有消退过，也在不断地给下一代传输足够的热量，让我们即使在最冷的冬天，也可以用双眼，看到最美的花开。

# 父　亲

邱　月

我在长大，而你却在老去。我们之间没有感人的话语，却有最真挚的感情。今天，我用我粗拙的笔写下我们的故事。

小时候，你对我要求严格，我知道，每个父亲都想有个优秀的女儿，可是我不是。我越烦躁，你就越生气，不容许我有一点错。你板着脸，头发中间已经开始掉发，粗着嗓子吼叫着，我只是呆呆地站着，一声不吭。

还是如往常一样，你依然对我严格。可是那天，我永远也忘不了。你带着我去游泳。那时我已经学会了游泳，你站在浅水区和深水区的交界处，水没过你的腰，你依旧冷静地看着我，对我说："慢慢游啊，不行就游回来。"你的眼里分明有几分担心，但你依然让我去。在我回来时，我分明看见了你难以按捺的欣喜，那时，你是正午的太阳。

长大后，学业也加重了。起初还不能摆脱对你的依赖。让你送我上学，牺牲你的睡眠。我是知道的，你很迟很迟才睡，可是你仍忍着困倦，硬着头皮起床了。因为妈妈对你说："邱月要迟到了！"我知道，我是你放不下的担子。后来，你开始变得温柔。在我做作业时，摸摸我的头，说："坚持一下，我知道学习很苦。"你用饱含深情的目光看着我，一刻也不想离开。直到妈妈说："她还要做作业呢！"你才依依不舍地离开。

071

现在，你已经没有了头发，牙齿也不那么好了，有时还会闪到腰。有一次我在书上看见一句"父亲是很低的夕阳了"。我不禁感叹，父亲似乎也在落山了。你的温柔让我措手不及，你带着我去外面吃饭，把好吃的全部给我，你问："好吃吗？"我答："好吃。"你又说："我只有一个女儿，我当然把好吃的都给你。"我的心一下被揪住了，你肯定不知道你的这句话是多么的动人。

我正在长大，而你却正在老去。兴许你以后掉光了牙，闪到了腰，可我会当你的拐杖，当你的牙。只愿你不要老得那么快，在我长大之前，不要老去。

# 跟爸爸学走路

郑欣妍

爸爸常说:"帮助别人,快乐自己。"他热爱生活,善良热心。张家没空浇花会找他帮忙;李家要用螺丝刀第一个想到的是他;出门下雨看到王家没带伞会提醒……为了大家快乐幸福他愿意付出。在我心里,爸爸的这些举动温暖着我,在我幼小的心中播下美丽的种子。

一次,放学回来,楼道里的声控灯没"反应"了,肯定是坏了,我想。到家后我把这事告诉父亲,他一吃过晚饭,便立即搬出大梯子准备去修灯。若是平时,吃完饭他可是要去散步半个小时的。"爸,这灯坏了物业会来修的,你没必要去啊,还是去散步吧。"我拉住爸爸的手,反对着。"修灯也不是什么难事,再说如果有人一不留意踩了个空,多不好。"爸爸拍拍我的头,微笑着对我说,"你和我一块去吧 。"我觉得爸爸说的有道理,便带上东西跟他下楼。爸爸将梯子从肩上搬下置于地上。我一只手扶着梯子,一只手给爸爸照明,爸爸快速爬上梯子,他仰起头,旋下坏灯泡递与我,接着从口袋中掏出灯泡熟练地换上,最后稳步退下。望着楼道里重新闪起的明亮灯光,爸爸欣慰地点点头,露出了满足快乐的笑容,原本不大的眼睛早已眯成了一条缝,可爱得像一个得到奖励的小孩儿。我觉得此时的爸爸是最慈祥最高大的。

俗话说，有其父必有其女。在爸爸的言传身教下，助人为乐的种子在我心中生根发芽。

那天，大病初愈的小敏重返学校，我马上来到她的身边，拍拍她的肩，关切地问道："小敏，你好点了吗，这是我的课堂笔记，给你看吧！也许有点用，若有不懂的可以问我。"我将自己的课堂笔记递给她。"小妍，谢谢。"小敏露出了两个小酒窝，十分感激，拥抱了我一下。"不用谢，大家都是同学呢！"

因为助人为乐，我收获了好人缘，也因为助人为乐，我每天都过得很开心。

我很幸福，能有这么一个慈祥、可爱的爸爸。是爸爸的言行。影响了我，因为爸爸，才有如今快乐的我。爸爸，谢谢您！

# 生 与 死

陈千薇

树袒露着光秃秃的树干，那粗壮的树桩上长出了幼芽，古老的树轮显示着不老的生命，但是，世界上真的有不老的生命吗？

当太婆在寒假中离我而去时，我知道了，生命总有一天会离去，但记忆能永远封存。

在我的记忆中，太婆是一个慈祥可爱的老人，连打扮也和小孩一样，经常穿着带花的整洁衣服，头发已经灰白，总爱梳得油光发亮，然后再拿一个发网套起来。

　　她很爱我，经常会把别人送她的小零食存起来，等我回老家时，兴致勃勃地拿出来给我。我一看，都是一些我快吃厌了的玩意儿，有的一看日期，还过期了，而太婆还是激动地用福州当地的方言向我说着什么。太婆的话，虽然我没怎么听懂。可是，我明白，这些过期的零食，饱含了太婆对我满满的爱。

　　可这些爱，我现在享有不了了。

　　太婆在过年的前一个星期就生病了，奶奶说不知道什么病，查不出来，可能是太婆这次要去天堂了。那几天，她什么也吃不了，人木木的，仿佛谁也不认识了，好像这九十年来记忆提前被天使带走了，只剩下还留念人间的躯体和命运深处的灵魂。

　　在太婆临走前的晚上，我们赶了回去。寒夜的冰冷笼罩着整个房间，太婆好像在呻吟着什么。不过，这最后一天，太婆会吃一点东西了，并也冲着我咿咿呀呀了几句，我也似懂非懂地应了几句。这可能就是"回光返照"吧。

　　大家都知道，太婆的时间不多了，整个房间弥漫着伤感潮湿的气氛，没有一点暖意，只有慢慢袭来的黑暗，生与死的距离一点点拉近。

　　在晚上十二点半时，太婆去世了，她是安静地去的，脸上还露着淡淡的微笑。

　　太婆啊，为什么把生离死别的痛苦留给我们！

　　漫长的夜晚，太婆带去的是记忆，是她安静的一生。留给我们的却只有悲伤、怀念与无奈……

　　没有不老的生命，只有永恒的记忆和淡淡的忧伤。

# 令我敬佩的人

陈璐瑶

他，高高瘦瘦的；戴着一副蓝边框的眼镜，架在高高的鼻梁上；脚踩一双尖头皮鞋，鞋头擦得光亮；短而整齐的板寸头，更为他添了一分精神。他，姓林，是曾经教过我的一位普通得不能再普通的语文老师。

林老师刚来时，我有些害怕上语文课，因为他要抽查背诵，而我背不下来。一下课，我就和其他几个同学一起被带到办公室门口的走廊背书。老师不知从哪掏出一只水笔，在我的书上随意画了几个圈，都是景物，并对我说："你只要记住描写的这些景物，把它们串起来就背下来了。"随后他就一转身回了办公室，留下我望着几个圈发呆。我还是背不下来。

自从那以后，我就有些害怕语文了。林老师仿佛也发觉我没有先前的学习兴趣了，经常鼓励我努力学习。在他的帮助下，我渐渐有了前进的动力，一步一个脚印前行。

这时，没心没肺的我才意识到：我害怕学习语文，其实是错怪了他对我的一片苦心啊！我在那时对他有着深深的愧疚感。

随着时间的推移，师生之间的感情也越发深厚起来。学校的活动很多，我们却又不让老师省心，以至于林老师因为我们——一群生性顽劣的孩子，而多了许多烦恼。不知不觉中，上课时，我能隐约看到他曾经浓密的黑发中，露出了几根刺眼的白发，额头上又多了几道皱纹……

他，从来没有过一次抱怨。我，也从来没有看见他抱怨过一次。

这样对学生好的老师，他的学生，怎么会不尊敬他，不爱戴他？

每次，我走到他的办公桌前，看见他埋着头，不是写教案，就是批作业，一刻也不停歇。他劳累时，总是把头埋在手臂中间，说话的声音也十分微弱，微弱到几乎听不见，还夹杂着几声揪心的咳嗽声……

林老师，我们看着您，在寒冷的冬天，为我们板书，每个字都是那么的遒劲有力，而您的手上早已磨出了厚厚的老茧；我们听着您，在最忙碌的复习期间，扯着几近沙哑的喉咙，为我们讲课。我们的心里，五味杂陈，不知该说什么好。

林老师，一位普通得不能再普通的一位语文老师。我从心底里真心地敬佩他，敬佩他的爱岗敬业，敬佩他的无私奉献，敬佩他的宽容大度。同时，他也教会了我许多东西，改变了我。他留给我的，是一笔无价的精神财富。

# 一副红得耀眼的手套

张 珺

那副手套摆放在我的书桌旁，只要一抬眼一团红便会跳入我的眼帘。

在我五年级时的圣诞节，同学之间互换礼物。教室里乱哄哄的，像个菜市场。我走到了我的好朋友旁送给她一本我最喜欢的书。她正准备送我礼物时，我感到背后有个人在很急促地拍我。我回头一看，是她——一个全班最不受欢迎的人。

她的头发非常黄，同学开她玩笑说她是"黄毛头"。她听到后总是低下头默不作声地离开。她的名字叫黄小洁，可同学们说她的脸上那么多的雀斑怎么能叫黄小洁呢！同学们经常欺负她，打她，骂他。

一次放学，我因为出黑板报而很迟才回家，在路上碰到了黄小洁。她跪在地上，膝盖流着血。问了她我才知道是因为被几个男同学推倒了。我把她轻轻扶起，并给了她一张纸。她含着泪对我说了声"谢谢"。我说"不用谢"便急匆匆地走了。

这次圣诞节，她会送我礼物真是让我大吃一惊。她手里捧着一副皱巴巴的毛线织成的手套，那手套全是红色的，那红色又特别不纯正。不知道班上哪个家伙喊了一句："黄小洁送给张珺破手套，黄小洁和张珺是一伙的。"我撞开了黄小洁，跑去了卫生间。在那一瞬间，她送我的手套也掉在了地上。等我回来后，活动已经结束了，同学们都放学回家了，教室里没有一个人。当我整理书包时，发现那双红手套放在了抽屉里。我一把抓起来回了家，一回到家就把手套扔到了卧室的墙角趴在床上哭了起来——我怕过和黄小洁一样的校园生活！第二天，来到学校，我发现同学还是和往常一样对我。我一不小心目光和黄小洁相遇了，她对我笑了笑，我却不知道如何是好。过了很长一段时间，黄小洁对我笑脸依旧，我不知道该怎么做。我把上次扔掉的手套从落满灰尘的角落里捡起来，认真看了看，发现那蹩脚的手工很明显是她一针一针织成的。

那一抹红在我心中燃烧着！

# 那一次，我被震撼了

陈庭玮

我曾在阳台上拾到过几个绿黑色的小圆球。出于好奇，我把小球扔进一个空罐头瓶里，等待时间去慢慢揭开它们的神秘面纱。

过了一个多星期，小球里开始有动静了，球里竟钻出一只只小黑虫来——原来是一堆虫卵。

小虫的样子不好看，又黑又小，没有丝毫美感。看着看着，我的目光被一只特别的小虫吸引住了。那是一只可怜的小虫，与它一起来到这个世界的兄弟姐妹们都已经摆脱了卵壳的束缚，可以在瓶里自由地玩耍嬉戏，四处攀爬了，但只有它，它的半截身子，还卡在卵壳里。

小虫似乎有些难受，它不断挥舞着已经伸出的四只前脚，使劲地蹬着、推着，想要从那密不透风的壳中得到解脱。它的动作幅度越来越大，如果我能看清它的表情，它现在一定已经是涨红了脸。在它的挣扎下，它甚至拖着那截壳一起，在瓶底来回扭动着。它的几个兄弟姐妹，也纷纷爬到它的身边，伸伸触须，抖抖爪子，似乎也想助它一臂之力。但这也只是徒劳。挣扎了许久，小虫似乎累了，它绝望地躺在瓶底，隔了许久才动弹一下。又过了一会儿，它甚至动都不动了，只是静静地、毫无生气地趴在瓶底。

我以为它死了，便拿起瓶子抖了抖。没想到，它竟又一跃而起，继续坚持着它的挣扎。而我所能做的，只是站在一旁，注视着它，看着它一次又一次地挣扎，再一次又一次地倒下，然后再次重整旗鼓，继续它的解放之旅。

几天后，待我去看时，小虫已经一动不动了，它终究还是死了。黑亮黑亮的，看上去很瘦小，触角残破不堪。也罢——它终于能静静地躺着了。我不敢再看这只虫子，比之它的顽强，我觉得惭愧，想起它跟跟跄跄地爬起，跌落，再爬起，我默然了，我想，上天对我不薄，让我再看到了最壮丽的史诗。

# 露珠的自述

赖永凡

露珠泪汪汪地说道："我的一生何其短暂，如同稚童的幻想，只不过是苏醒的朝霞的泪滴。"

我，是一颗渺小的露珠，吸收天地之灵气，凝聚日月之精华，在一个月明星稀的夜晚，伴着轻柔的微风诞生了。

林中的夜很美，月光给森林披上银色的绫纱，将一切笼罩在里面。美丽的野花睡熟了，在梦中还不忘散发阵阵幽香。虫子们孜孜不倦地弹着琴，一往情深地唱着，一时间，倔强的小草也睡熟了。看着他们，我下定决心，也要像他们一样，回报大自然。这一刻，我渺小的身体映照出晶莹的光，与天上的星星一样璀璨。

我要不断地成长。水汽氤氲，清新的空气呈现出朦胧的白色。我吮吸着这来自大自然的养分，心中一股潜在的力量随之涌动、奔腾。我渐渐成长着，晃动的水球似乎马上就要破裂。

我一生下来就是归宿，我的归宿地是一块在炎炎夏日中枯蔫焦黄的叶片。我仿佛能感受到叶子轻轻地颤动，听见叶脉正奄奄一息地呻吟着。我决定倾尽全力滋养他。

我努力地吸收水汽，使自己继续成长，同时也为了完成使命。那绿叶似乎也感到了生的希望，张开所有气孔，默默吮吸着我。我感到一阵阵的疼痛，心中再次泛起涟漪。不过我毫不吝啬，传递着大自然的养分。抬头，看见满世界的露珠，我第一次体会到生命的含义。

东方拂晓，天边的云彩掀起了一条缝，透出金色的一条边。青岗萦绕在山中，为清晨的到来舞动着。经过一夜的努力，叶片已微微泛青。我忍着痛，心中一阵喜悦，想到马上可以完成使命，不禁加快了节奏。

这时，太阳出来了，金色的阳光照在草上，和着昨夜的花息，很香、很甜。我感到心中一阵剧烈的抖动，继而逐渐变得轻盈。我身体中的无数水汽缓缓上升，迎着金黄的朝阳，很美，很美——我在这美丽中即将消逝了……

卧在一片焦黄中微微泛绿的叶子上，奄奄一息的露珠悲叹道："唉，使命尚未完结，生命为何这么急于凋败？"

这时，年轻的诗人推开窗看见此景感慨道："我为何不是露珠，每天早晨睁开眼睛，生命立刻衰枯。哦，上帝，你创造了我露珠似的生命，为何不赐予我露珠样的寿终？"

# 校园的秋天

张 一

一场秋雨过后，天气明显转凉。秋天来得那么突然，让人有些措手不及。

清晨，走出门，秋风拂面，带来阵阵凉意。太阳早早趴在山头，却好似只肯把那份温暖给了山，让它独享所有的温暖，所以即便是艳阳高照，却还是抵挡不了凉风的侵袭。一个人背着沉重的书包，与秋风的刺骨抗争着，缓慢地走向学校。本应是上学的时间，却不见街上渐渐多出的学生的影子。秋，把人变得懒散了。

走上学校的阶梯，映入眼帘的是一条落叶铺成的"黄金大道"。秋风奏起悲伤的协奏曲，树叶应和着翩翩起舞，落英缤纷，在阳光的照耀下焕发出耀眼的光芒。暖阳驱散了落叶的忧伤，将这本应是黯然悲伤的舞曲，赋予了无限的生机和希望。校园里，放眼望去，一棵棵三角梅仍生机勃勃，在秋风中傲然挺立，多了些高贵与坚强。花开得很盛，一枝挨着一枝，一朵挨着一朵，场面好生热闹。红的像一团团浓烈的火焰，粉的像少女脸上泛起的点点红晕。它的花期很长，开得那么自由，无拘无束，好热闹却又如此素净雅致。

阳光伴着书声琅琅投进教室，渐渐地，越来越强烈。课间，大家沐浴在阳光下，清晨的阵阵凉意早已散去，取而代之的，是无比灿烂的阳光，洒遍校园各处，不放过任何一个角落。那一丝的温暖早已不只属于山，而是无私地与我们共同分享。

正午时分，放学了，同学们像风一般蹿出教室。一大波一大波的同学涌出教学楼。头顶着的烈阳，再也感觉不到秋天的味道，反倒像夏天还留着大片大片的余味。同学们簇拥着，红蓝相间的校服，像一簇簇盛开的鲜花，充满了青春活力。太阳就这样一直高挂着，散发出强烈的光。

直到傍晚，太阳才肯收起它独霸白昼的势头，渐渐退到山头，还秋天一点属于它的独特味道。太阳下山，夜幕慢慢降临，整个校园在黑夜的笼罩下显得越来越朦胧，空荡荡的校园里弥漫着孤独的气息，就好似这秋天的悲凉，令人哀伤。

它在期待着，期待着第二天阳光再一次的普照……

082

# 心中的美景

白 吉

拥有感动是莫大的财富，拥有感动是莫大的幸福。

在一场风雨交加的夜里，我吃完了饭，来到卧室，坐在窗前，静静地看着窗外的景色。刚才还是零星的雨越下越大，雨点变成密集的渔网，房檐上挂满了无数条瀑布，地面上射起无数箭头。我猛地想起树上的鸟巢，还有巢里的小鸟。不远处，雨点残忍地在树上拍打着，鸟妈妈正从灰蒙蒙的远处，摇摇摆摆地飞向巢里。雏鸟们惊慌地叫着，鸟妈妈直飞到巢中，用它那强而有力的翅膀把整个巢都盖上了。凶猛的暴风雨拍打着它的背，但它还是一动不动，保护着自己的孩子。风雨却没有过去，只听"咔嚓"一声，被大风折断的树枝从天而降，鸟巢也跟着掉了下去。雷神调兵遣将，风婆摇旗呐喊，我隔着窗户向外看，外面灰蒙蒙的，分不清哪是天，哪是地。天渐渐暗下来，阵阵炸雷震得地动山摇……

　　过了一个多小时，风雨停了，天空又恢复了原来的光亮。我急忙赶到外面，却看到鸟妈妈双翅展开，趴在地上，鸟巢也跌落地上，被折断的树枝不知被大风刮去了哪里……我走到鸟妈妈的旁边，在把它捧起的一刹那，却看到那双依然强而有力的小翅膀下，有四只活蹦乱跳的雏鸟。鸟妈妈离去了，在这场风雨中悲壮地离去了，但它用最后一口气保护了它的孩子。我不禁鼻子一酸，眼泪已在眼眶中打转。

　　这一幕深深地刻在了我的心里，母爱是多么伟大啊！

083

# 那冬·那山·那景

张锆薇

　　　　最是万春时，冬隐万丛中。

——题记

　　阳光，淡了；风行，快了；指尖，凉了。诗情画意的冬，在凄意的我眼中，是那样多愁善感。

　　冬掠过麒麟山，却虐不走那满山的春意。是的，千真万确，那

做人要像棵大树

是漫山遍野的绿！草木青青绿丛茫，乔木、灌木、长藤、低草……非但没有一点儿冬的相貌，倒都是春的气息！风袭来，哆嗦的是赏景的人，而树木却根本没发抖！它们是那样坚强！

没有一片枯败的腐叶吗？不，看那席铺一地的淡黄不正是吗？叶子的离开，是树的不挽留。竹，真的如此无情吗？忆起春萌的嫩笋，才明白竹对叶的无奈是对笋的关怀。

时光瘦了，指缝宽了。已夕阳西下，芒穿叶影，洒在一地的菊上，无精打采的菊经不住沉重的阳光，蔫了下去。一簇簇花，本该笑面迎光，此时却因多日未浇水而让花瓣不得已低下了头。菊啊，你本该有的骨气呢？毗邻着菊，是怒放的紫荆花。她们是那样美。那股自豪，给予她们用微笑迎接阳光的勇气。而这勇气，却使之更为迷人。萎去的菊，盛开的紫荆。一个向风诉说自己的悲愁，一个向冬描绘未来的璀璨。

绿色，布满了麒麟山。深的，浅的，夹着五彩缤纷的回忆。路边的羊蹄甲，一串串，像冬在山中驯养的羊儿，把蹄子温顺地垂下。冬是极爱花的，看，那可爱的羊蹄甲花，一朵，一朵，缀满了整棵树，是绿色银河中最闪耀的星吗？她们欢笑着，不肯停下。那含伤的笑容，在陈述开放的艰辛。她们骄傲，是冬的一员。

一切都隐带哀伤的色彩。风，轻拂起藤蔓。藤蔓飘啊飘啊，想用纯纯的春驱走冬的寒冷。它曼舞着，让风捎走日记，袭去回忆，抛开时光的无情。每一片叶子都是一篇日记，顽固地附在藤上，叶脉像浮动的文字，汁液流动着。山中，一切都绿得那么清鲜，却都害怕哪一天自己枯萎离去。他们。也有生命，并为之挥舞年华。

那冬，那山，那景。自然的诗歌，人间的情话。

# 邂逅满洲里

黄丹琦

与你邂逅于春夏的人们那么多，你不一定会记得我——一个正处豆蔻年华在那个夏末与你漫步的南方少女。我却深深把你的模样烙进我的脑海，挥之不去。

踏出机舱的一瞬，你把我揽入你的怀里，也揽入了秋的寒意，即便现在还是夏末。你用你甜美的声音在我耳边低喃："南方的朋友，缓下你城市的脉动，卸下你一身的压力。我带你领略来自俄罗斯的别样风情，在我怀中策马扬鞭，或是与我一起观赏夕阳变幻的魅力。"浅浅弯起了嘴角，我跟上你的脚步。

汽车驶向城市，耳机里的音乐在这里不免有些喧闹，关上MP4，让我享受你的宁静。放眼望去，碧空如洗，一览无余的草场上，巨大的"白色三叶草"正转得飞快，在草场上投下一片片阴影。汽车时常会减速，黑白相间的地毯缓缓在我们周围移动，一切都不用急，牛儿们还没有吃饱。

金砖圆顶的大楼从地平线那里一座座地竖立起来，满洲里，你带我开始了俄罗斯风情之旅。满洲里啊，你真是个勤劳的姑娘，夜晚十点才关上幕帘的你，清晨三点就拉开了眼帘。趁着小城的人们还在梦乡，你要努力让大地暖起来，即便是这样，夏末的早晨还是要搭上一件厚实的外套。推开窗户，商店里的俄语叫卖声就此起彼伏地涌入我的耳蜗；高挑金发的俄罗斯女孩儿时不时经过我的窗前；幽默的俄罗斯大叔逗得中国小孩咯咯地笑；青春疯狂的漂移族在我看不见的地方把油门踩得嗡嗡地响。中午，我们打算一品俄式美食。轻轻拨开白蓝红的珠帘，俄罗斯人静静享用着家乡菜，我也安静地在窗边坐下细细品味。下午，我就在这宁静可爱的小城中漫步，走进商店时，我总被玻璃柜台下那一个个精致的树皮工艺品和琳琅满目的套娃所吸引。我仿佛能看到双手刻满沧桑的俄罗斯老人正捧着泡软的桦树皮对着阳光一丝不苟地刻着画着。城区不大，一个小时大概就能走个遍，含着浓郁丝滑的俄罗斯黑巧，我盼那夕阳落下。

就是在这样一个不大的小城中还有一个城中湖——北湖。北湖自然也不大，却一样使人们心旷神怡。湖边长满了芦苇，几只白色的水鸟不时把小脑袋从密密麻麻的苇秆中探出来，一会儿望望天，一会儿看看湖面。我打量着这些小家伙，正出神时，它们忽的一下从苇群中窜出来。再看湖边，一片赤色的波涛正渐渐覆上来，猛地抬头，那哪是什么波涛啊！分明就是火焰一般的云在天边翻涌着、燃烧着向我们涌来，临近我们的闪着金黄的光，远一点的是炽热的红，再高一点的混杂着深沉的紫。而在那地平线上依然是纯净的蓝，但很快，蓝色就被那火焰吞噬尽了，彼时城中都亮堂起来，金色的灯光与火烧云交相辉映。又一会儿，蛋黄一般明朗的月升到了空中，这才谢幕了火烧云炫目的演出。

满洲里啊，你还有怎样的惊喜要带给我呢？

让我毫无防备的是，惊多过于喜。在一览国门的雄姿前，满洲里你向我诉说了你屈辱的过去。因为你现在的繁华和美丽，我竟忘记了你的沦陷，忘了你现在的美是建立在鲜血流淌过的地方。九一八事变之后，你也渐渐陷入日军的魔爪，之后的十三年你看着怀中一条又一条无辜的生命淌血，遍地是残砖烂瓦，狼烟四起。也罢，你说一切都

086

过去了。出了历史的大门，就看见国门威严地守在边境，警示着邻国我国的领土是庄严神圣而不可侵犯的。风很大，在风的呼啸声中，一列自俄罗斯来的火车通过了国门向境内驶去。

回去的路上，我安静地享受你自然的魅力，你把它们毫不吝啬地展现在我面前。前方靠近的石壁上，神气的头羊领着群羊高高地向下俯视着我们。汽车一个转弯，无边的草场就占满了我的视线，每片草场上都躺着一卷卷巨大的草垛子，羊儿们就靠它过冬了。被割过的草场颜色深浅不一，就似一件绿条纹的大衣。天光从云层中泻下来，草原的云和我家乡的云一点也不像呀，这里的云是一朵朵的，有时簇拥在一起，就像这云底下的羊群一样。而家乡的云总是形态各异，成片的成海的都有。想着想着，发现我开始想家了，与你邂逅是我这个夏天最大的收获，但我还是要回到属于我的那片炽热的、承载着我梦想的土地。

你用你带着秋之气息的身躯再次拥抱了我，然后把我轻轻托起，再看一眼你——与我在这个夏末邂逅的你。满洲里啊，你的美丽我还没有欣赏够，你的热情我还没有回赠过，我的故事你还不曾倾听过。但这才是邂逅。总有一天我们会再次邂逅，邂逅在另一个夏末，牧人打收草垛的时候。

# 上屏龙共赏桃花

陈肖磬

经过这几周的春雨绵绵，一年一度的桃花季又到了。

早就听说龙共的桃花开了，难得这个周末早上有空，我就和爸妈一起去赏桃花了。

我们的车开了一个多小时的蜿蜒山路，终于到了永安上屏的龙共村。转过一座山岭，扑面而来的是漫山遍野的深深浅浅的粉色海洋，到处都是怒放的桃花。生机盎然的春意中，一朵朵桃花吮吸着阳光，带着春风拂来的暖意，向人们展示她娇媚的身姿。我迫不及待地东瞧瞧，西望望，真是目不暇接。满眼的桃花有的才展开两三片花瓣儿，有的花瓣儿全展开了；有的单独挂在枝头上，有的三三两两紧挨着。她们有的像一个害羞的小姑娘，娇嫩的脸颊被羞得红彤彤的；有的则露出粉嘟嘟的小脸蛋，显得可爱极了；间或有几朵粉白色的，更显特别，像穿着粉白色芭蕾舞裙的公主，时刻准备着跳上一支优美的舞蹈。

我在花海里徜徉着，一阵微风吹过，桃花散发出浓郁的芳香，粉红的花瓣纷纷落下，在微风中翩翩起舞，下起一阵花瓣雨。树下的人群更兴奋了，这一树树娇艳欲滴的桃花与人面相映而红，真是"人面桃花相映红"啊！

沿着曲折的山路，闻着桃花淡淡的清香，总觉得还少了些什么，原来是少了紫云英，也许是花期没到吧，地上的紫云英现在还疏疏落落的，不像去年，树上粉红的桃花和地上紫红的紫云英互相应和着，浑然一体，美轮美奂。今年桃花开得再热闹，少了紫云英的相伴，不免还是有些寂寞。看来天地间，有些事物和人都是一样的，少了朋友的相伴，再精彩的人生，也有些遗憾！

# 记忆中的那棵银杏树

涂小可

> 书画院还在，糖烟酒店还在，曾与你躲过雨的屋檐还在。落叶的秋天，一年复一年地回来。
>
> ——题记

又是一年银杏叶随风飘散的季节。大路两侧的行道树，是常年开花的羊蹄甲树，风穿过树叶时发出沙沙的声音，我用手接下一片片淡紫色的花瓣，下午慵懒的阳光穿梭在树叶间，在满是花瓣的树底下投下了跳跃的光影。

我来到了建设中的少年宫广场，广场已经变化得让我认不出来了，要不是旁边那熟悉的书画院，还真找不到原来常走的路口。书画院还在，糖烟酒店还在，曾与你躲过雨的屋檐还在。落叶的秋天，一年复一年地回来，只是，不见了少年宫赛鸽中心旁边那棵记忆中的银杏树，让我有些手足无措的，还有那些随之消失的金黄色的银杏落叶。

这已不是记忆中的少年宫广场了，五年的时间，不仅仅是小学留长发到中学剪短发的变化，少年宫工地旧楼到新楼的变迁，年龄从九岁到十四岁的过渡，也是陪自己整整一段年少时光的那些人和树的

089

做人要像棵大树

变化。已是建设工地的少年宫广场里，曾经的那棵银杏树，再也找不到。秋天里金黄的银杏树落叶，只能被定格在记忆中的某段时光里。

"嘿，有什么好哭的。"我猛地回头，想要抓住这记忆里熟悉的声音，曾经的银杏树下，却空荡荡的⋯⋯

"嘿，有什么好哭的。"记忆中，那个女孩儿悄声说道，我呆呆地接过那陌生女孩儿递过来的纸巾。这次考试我又退步了不少，老师的语气虽然不太严厉，但还是把我难过得差点当场掉下泪来，好不容易挨到了放学，我跑到这个角落，躲在银杏树下，偷偷地哭了一会儿，不巧让人碰见了。

女孩儿长得真可爱，粉红白净的脸，有明亮的眼睛和樱桃红般的唇，扎着马尾辫，笑容可爱。"别哭啦！"女孩儿安慰我。我拭去脸上的泪痕，女孩儿友好地伸出一只手，"我叫若子，那个⋯⋯"我笨拙地伸出一只手，握住了她的手，"我叫小可。"我望着她琥珀般的大眼睛，竟看到一丝羞涩。

我和她从此成了好朋友。我们快乐地见面，忧伤地说着明天再见。一起哄哭鼻子的小狗，一起做永远都会被逮着发现的坏事，就像从不会分开地等待明天，就像永不曾离去地度过那些年⋯⋯

若子的记性很差，非常健忘，这是我认识她后才知道的，明明刚刚说过的话，没过多久就忘了，"什么啊，谁说过这样的话！"若子常常这样理直气壮地说，害得我都以为自己出现幻觉了，可就是这个记性差得常常忘记值日、忘记背课文、忘记自己文具放在哪的女孩儿，却能一直记得我和她相处的点点滴滴，却能准确地记住我的生日、我经常要做的一些事。有一天，我去学校的专用教室里练习演讲，回到班级时口渴难耐，看到水壶里的水已喝完后，很是苦恼没有多备一些水。不料，在我整理书包时，发现旁边小口袋里多了一瓶矿泉水和一张若子给我留下的字条："小可，我先回家了，知道你今天要练习演讲，所以帮你准备一瓶水，加油！"我突然有一种莫名的感动。后来，我才知道，若子有一个专用的本子，本子上记着她自己经常要做的一些事、电话号码、值日时间，还有那个一直伴着她的女孩儿——我。以及，我喜欢的书、电影、喜欢的音乐……

又是一个放学后的黄昏，"喏，小可，这片银杏落叶好看吗？"若子和我最喜欢放学后来银杏树下玩耍、学习。黄昏的阳光是那么的迷人，金色柔和的光线洒落在若子身上，洒在少年宫广场上，云边镶着一层金黄的光晕，"好看！"我答道。"你在想什么？"我见她发呆，半晌她才回过神，微笑着，说："我在想，怎么才能把美好的东西留在脑海里。"我只是笑着，把这个当玩笑话，"哎哟若子，你怎么这个时候变得这么多愁善感呀？"她转过头，说："小可，我们要一直做好朋友哦，""嗯！"我坚定地答道，"就算长大了也要。""我们永远是好朋友。"她扑哧一笑，我也笑了起来。银杏树下两个女孩儿拉着手，发出银铃般悦耳的笑声。

上了中学，我就和那位可爱的女孩儿分开在不同城市的两个中学。

091

如今我又站在曾经有银杏树的老地方，回想着我和那个女孩儿曾经的细语闲聊，回想记忆中我和那个女孩儿追逐玩耍时身旁的那棵银杏树。我忽然明白了若子曾经说过的那句话："我在想，怎么才能把美好的东西留在脑海里。"

若子，我没忘记你，也没忘记以前的约定，时光流逝，可我却只能站在这里，对着又一年的秋天说，若有一天，若能相见，若缘分妙不可言……

我再回头的刹那，在黄昏夕阳下工地另一头，我看见了不远处一个女孩儿，她琥珀般的大眼睛正看着我，笑着。不需要任何言语，我只是跑过去，抱住她。

在多年后的这个秋天，在人生的这个路口，在彼此温暖的目光里，邂逅了今天的你，重逢了昨天的我。虽然曾经的银杏树随着城市的发展而消失了，但就像这个城市的老房子一样，有些不在了，有些还在。朋友，你要知道有些东西，在我心中是永远不会改变的。

# 童　心

张　潼

幼儿园时，对公园里的秋千总有一种喜爱感。那天下课，在秋千旁等了许久，终于等到没人玩了，我迫不及待地叫妈妈抱我上去，坐上我向往已久的秋千。

第一次坐上去难免会有一些激动。几经调整位置后，我迫不及待地让妈妈帮我推。慢慢地，慢慢地，随着妈妈的节奏，我开始在空中摇摆。风，轻轻吹拂过我的脸颊，温暖的阳光洒在我身上。我仿佛像一只小鸟自由地飞翔于空中。现在我才知道，原来荡秋千是多么的快乐。它荡去了我所有的烦恼和不愉快，只容我在快乐之中。

这时，旁边有个小男孩儿羡慕地望着我，他看了一会儿，走过来跟我说："姐姐，你能让我玩一下吗？"好东西总是要分享的，于是，我答应让他玩五分钟。他坐上去后，我帮他推，他在秋千上开心地"咯咯"笑。五分钟后，他心满意足地从秋千上离开，我又坐回了秋千上。

妈妈越推越高，我仿佛已经置身于空中。突然，一只花蝴蝶从我眼前飞过。我忘记了自己还在秋千上，松开了抓住绳子的双手，想要去拢住那只蝴蝶。结果，一不小心从秋千上摔了下来。本来还想从地上爬起来再接着玩，妈妈看到我满身是灰的样子，立刻拒绝了我。我只好恋恋不舍地离开了秋千。

　　如今的我已经步入青春，再次去玩那小时候向往已久的秋千已经找不到原来的感觉了。小时候，幸福是件简单的事；长大后，简单是件幸福的事。到现在，我还保留着那颗真挚的童心。

# 有这么一个人

傅彬茜

　　像层层雾霭笼罩水面，像颗颗晨露凝于叶间，像墨滴在水中晕开的光圈，像徽州老城墙上的斑驳。这是中国犀皮漆器独有的花纹。

　　在中国犀皮漆器手艺传承者甘而可的工作室里，堆满了各种各样的胎骨，模具，还有一桶桶的生漆。年过花甲的大师甘而可总会在大堂中安详地制作漆器。甘而可一直铭记着一句话："器无巨细，至能载人其上而不摧裂。"甘而可曾经在别人的帮助下站到他制作的漆器上——居然没事。"我很高兴，我做的漆器终于能和古人并驾齐驱了。"甘而可大师在荧幕里慈祥地笑着。

　　甘而可告诉人们，他对漆器的衡量标准是"零误差"。什么叫零误差？他曾做过一个菊瓣盒，一个由四十八个细长菊瓣拢成的圆盒子。这个盒子是下了苦功夫的，因为不论在哪个角度，哪个菊瓣，都能使盒口于盒盖拢上。甘而可还有一个茶叶罐，罐口与罐盖的直径差被精确地控制在0.5丝，以至于不用任何外力，罐口与罐盖能够自动缓缓合上。这真是令人难以置信的精确！甘而可大师是如何做到的？不言而喻，正是那种严谨细致、精益求精的工作作风。

犀皮漆器最美丽的地方在于它扑朔迷离，变幻莫测的斑纹。然而在古籍中，却并未有与此相关的制作方法。甘而可大师经过重重探索，终于摸出了一种令人拍案叫绝的做法：用丝瓜烙蘸漆，在做好的器骨上点上一个个点，漆干了之后，便凝成了流动的斑纹。这叫做起捻。当然，这起捻的手法自然也是有讲究的。甘而可在点黄漆时，随性奔放，一下一下厚重有力，仿佛驾驭着千匹骏马驰骋在荒原上一般豪迈，像是在写狂草；点红漆时，细细地，缓缓地，下手快而准，起出的捻像是织女拉起的一条条丝，这又像是在写楷书；点绿漆时，则是无所顾忌的，放纵的，如行云流水一般，看似漫无定律，又仿佛有迹可循，点到之处，风生水起，这便像是在写行书。为何甘而可大师的手艺如此绝妙？甘而可大师说，其实漆的浓度，起捻的方法，每一种色漆的多少，都要靠手艺人自己琢磨，当琢磨到了一种境界，便能出神入化，炉火纯青了。是的，秘诀就在这里。

有这么一个人，他严谨深沉，一丝不苟；有这么一个人，他的手下流淌着潺潺山泉，翻卷着朵朵青云；有这么一个人，他坚守着自己的职业，传承着中国古老的、即将失传的手艺。他用自己的手艺告诉人们，什么叫作零误差，什么叫作十年磨一剑。

## 宁静也是一种享受

　　人生中总会遇到许多坎坷与困难，只要我们放宽心态，以宁静的思考、宁静的心情去对待，去跨越，去飞翔，将你的心提升到一定的高度，那么你将会看到艳阳满天。原来，宁静也是一种享受。

# 我的老师

何子凌

在我的记忆里，有许许多多的老师，严厉的，宽容的，温柔的……而我最忘不了的是我小学四年级的语文老师——李丽辉老师。

李老师留着一头披肩发，她总是把她柔顺的长发轻轻地系起来，显得那么自然，那么动人。她很少批评我们，她总是把微笑挂在嘴边，她总是这么说："加油！你有进步！"在我的记忆中，她是一个爱学生，懂学生的人。

记得有一次运动会，我参加了四百米中长跑。我每天都十分努力地练习，而到了运动会那一天，我还是没有取得一个好的成绩。我想到李老师对我那么高的期望，而我却这么不争气。想到这里，我自责地哭了。这时，老师走了过来，用她温暖的掌心擦去了我的泪水，并把我搂在了怀里，说："没关系的！我觉得你已经很棒了！名次不重要的，只要努力了，就非常棒哦！"她的话，一下子温暖了我的心房，她的话抹平了一个自责的孩子心中的悲伤。在那个已经开始转凉的金秋十月，我感到了一双手的温暖。

她热爱文学。也是因为她，我爱上了语文。在别人看来无聊的文言文，在我眼里却别有一番韵味；别人极其讨厌的作文课，我却天天盼望着；在别人口中枯燥无味的文字，在我心中却是那么的美好。我知道，是因为她，我的语文水平才得以提高。

她总是鼓励我上台表演。我越来越自信，我走上了学校荣誉升旗手的主席台；走上了图书馆宣传周的舞台……

几年后，我要上五年级了。那一年的六一儿童节，老师送给我一个漂亮的盒子。她笑着说："你的进步让我十分惊讶。你会越学越好的！加油！"我打开盒子，里面是一支我梦寐以求的钢笔。在那个开始转热的夏天，我触到了一支钢笔的凉爽。

李老师，时光匆匆，我甚至来不及说一声再见和谢谢。因此，我想借此机会对您说一声："谢谢！"

# 这 就 是 我

肖振煜

097

瞧！镜子里那小伙子是谁？那就是我。那操场上疯跑的傻小子是谁？那就是我。上课专心听讲腼腆的小子是谁？那就是我。

走向镜子，我向他招招手，他也向我招招手，我向他打招呼，他也热情地回应我。我便向他诉说起了我：相貌平平的我，脸上嵌着一双炯炯有神的眼睛。下面有张能说会道的嘴，能给大家带来不少欢乐。

我爱读书，但不读死书，不死读书。当我进入图书馆，就像进入了书的海洋。从牙牙学语时，我便开始阅读，从《安徒生童话》到《伊索寓言》，从《海底两万里》到《气球上的五星期》。俗话说：

读书破万卷，下笔如有神。

"堂堂男子汉"，偏偏我的胆子小，在摩天轮上我欲哭无泪，坐过山车我泣不成声。只有旋转木马是我的强项。每当独自在家，我便把灯开得如白昼一样，虽然电视大屏幕上播放着喜剧，可我却笑不出声，拿着电话，无数次拨妈妈的号码。就在这时，咔，停电了。一声尖叫从楼道传出，胆小的我穿着睡衣跑下了楼。

看言情剧哭得泣不成声，一般是女孩子的作风。可我，也"染"上了这个毛病。每当看到男女主角分手，最爱的人物再也不会出现在大屏幕上的时候，我的泪水再也忍不住了，像瀑布一样流下来。应验了那首古诗"飞流直下三千尺，疑是银河落九天"。

幽默是最多人给我的评价。一次，班上的同学看到蟑螂，吓得"哇哇"大哭时，同学们把我推向前面，"快呀，去逗他笑，你肚子里几根蛔虫我会不知道？"无奈之下我走过去，没注意，脚下一绊"咚——"我倒下，压在那只小强上。被吓哭的同学顿时晴空万里，可我心里下起了雷阵雨。

我离开镜子，他也不见了。

# 小　胖

张晨怡

个子矮矮的，胖胖的，小光头，脾气好，有时还笨笨的。上课全看心情，有时格外认真，有时走神，但这学期的他也在不断地进步。

重点是，他乐于助人。只要你一发话，能做到的他都会尽力去做，他可是我们班的活雷锋啊！

"帮我擦一下黑板吧！我要送作业去办公室。"我拿着黑板擦笑着说。他毫不犹豫地拿起黑板擦就奋力地擦。语文课前，你能看到他在讲台上忙碌的身影，那是他在为老师接电源、开电脑。有一次，老师让他抱作业，他抱完作业，还为老师的水杯装好水，端给老师，老师为此感动了很久。因此，在老师和同学的眼里，他虽然成绩不是很理想，却是一位勤快、有礼貌的孩子，很讨老师与同学的欢心！

第二节下课时，看着一黑板的粉笔字，我又想偷懒了，还是一副不要脸地去找他，他仍然没有反感我，只是笑眯眯地拿起黑板擦，一遍一遍地擦着。面对这场景，我不好意思了，拿起另一个板擦，上前道："我也擦一半吧！"他还是一副笑眯眯的样子，没有任何抱怨。他，一位没有一丝心机的人，乐于助人的人。

当有人叫他搬桌子或搬凳子时，不管平时对他的态度怎么样，只要现在的态度好一点，听起来舒畅一点，他就会不计条件地去帮助别人。

我记得还有一次，不知道是谁惹了我，反正当时的心情很不好。他站在我身后，叫我让一下，我也不知道那时怎么了，就冲他发火，还骂了他。他没有说话，就默默地绕路走了。事后我感觉自己当时太冲动，乱发脾气，于是就找他道歉。他没有得理不饶人，只是说了一句"没事，我没当真"。那时的他脸上还是笑眯眯的样子，虽然他没当真，但我心里还是过意不去。在我印象中，他是一位不斤斤计较、宽容的人。

他就是众所周知，人们嘴边常提的那个无私奉献、乐于助人的学生，他就是范智宇，人称"小胖"的活雷锋。

# 童年趣事

洪嘉骏

　　掀开琴盖，阳光扑棱棱地落在方整的黑白键上，忍不住俯身抬指，清脆的音符落地成悠扬的乐句，一个熟悉的童年身影闪现在亲切的旋律中……

　　这是一个五岁的男孩儿，安静、乖巧。男孩儿家门前，是一条长长的坡，坡底拐弯处，有一家宽敞的琴行。每天上幼儿园时，别的孩子总是叽叽喳喳地扑向受惊的鸟雀，而男孩儿只在坡下那家琴行门前驻足观望。十几台漆黑的钢琴，一张张雪白的乐谱，都令男孩儿神往不已。一次，男孩儿跟着外婆上幼儿园，路过琴行时，男孩儿惊喜地发现一位琴师正在演奏。那灵巧的指法，动人的乐章，如磁石般吸引着他，他情不自禁地停步观赏，结果与外婆走散在人群中。男孩儿焦急地张望，担心而又害怕，可是当面向琴师精湛的演奏时，心中又充满了喜悦、兴奋。就这么过去了十分钟，外婆心急火燎地赶来，拽着男孩儿上了幼儿园。看着他噘着嘴，脸上满是恋恋不舍的失落神情，外婆哭笑不得。

　　男孩儿搬了新家，楼下是一位会弹琴的姐姐。男孩儿六岁那年，几乎是天天执着地守在房间，守候楼下那悠扬的琴声。一天，楼下姐姐学了一首新曲子，那新奇的旋律被男孩儿机灵的耳朵捕捉到了，他高兴得手舞足蹈起来，甚至趴在冰凉的木地板上，耳朵使劲贴着琴声传来的方向，手指跟着音符有节奏地弹动，幼稚而可爱极了。当天晚上，男孩儿理所当然地得了重感冒。他只好无奈地躺在床上，但心里仍十分陶醉、高兴。

男孩儿七岁了，父母终于答应给他买一架钢琴。从琴运来的那天起，男孩儿就感到生活中充满了幸福。虽被规定只有晚上能弹一小会儿，但男孩儿时不时地坐上光亮的琴凳，双手抚摸着精致的琴键，一次次地开合琴盖……一天午睡时，男孩儿终于忍不住了，趁父母外出，悄悄翻下床，弹起琴来。虽然发出的只是乱七八糟的音符，但他眼里闪着光，把琴键敲得不亦乐乎，笑声伴着琴声上下飞舞着，因为打扰了邻居午休，父母回来把男孩儿训了一通，罚他一周不许碰琴。可这，怎挡得住男孩儿强烈、单纯、固执的心啊！

一年又一年，痴望琴行的男孩儿已经长成现在的我。琴声带我看见那童年里幼稚的故事，带我找到了那童年里真诚的童趣。窗外阳光依旧笑得灿烂，串起一个个有趣的童年记忆，从黑白键上，扑棱棱落入我回忆的梦乡。

101

# 给笔友青漱的回信

名　悦

亲爱的青漱：

很高兴收到你的来信！

在信中，我看到你为了自己青春期的烦恼而闷闷不乐，替你感到担忧，同时为你提出几点建议，希望能化解你成长中的烦恼。

你在信中说："曾经光滑的脸居然成为痘痘的'领土'！"可见，你的烦恼之一，是"青春痘"。其实，痘痘并不可怕。它只是你青春期身体发育、激素分泌旺盛的征兆，是你成长的表现，所以不必烦恼。只要你摆正心态，任其"花开花落"。过不了多久，它就会离你而去啦。

而在信中，你提到最多的，是与父母之间的摩擦。你说："不知为什么，他们对我的关心，我都觉得是太把我'当小孩儿看'，变得很烦躁。每次与他们的交流都以争吵收场。"在这样的环境下，你就是"渴望独立自主"。这种心态，会让你十分迫切地想脱离父母的庇护，渴望独立，自力更生。这种心态是你成长的重要动机，只要你善于利用它，在学习、生活方面不再麻烦他人，自己力所能及的事自己做，就是这种心态最好的价值体现。当然，这种心态带来的消极影响就是极易与父母产生矛盾。在出现这种情况时，青澈，你得放松心情，对自己说："这是在为我以后更好的独立做铺垫。"然后，笑脸面对爱你的父母。

在信的末尾，你轻描淡写地写了一句令我惴惴不安的话："我喜欢学校胜于喜欢我的家。"青澈，喜欢学校没有错，但你的家，你更得用热情去爱它。用一个简单的道理来说明，就是"学校，用来喜欢，用来待；家，用来爱，用来生活"。你能理解其中的含义吗？喜欢和爱的区别你懂吗？等待与生活的差距你了解吗？一切我都等你回信吧。

青澈，我的朋友，我在最后告诉你：成长的烦恼就如花叶，有它的气候，任其凋落吧，用温和的心态迎接你的大好青春。

愿你越过越开心！

你的笔友：名悦

# 劳动者与乞讨者

雨　杨

　　面对两个同样衣衫褴褛的老人和老婆婆，一个是在校门口跪坐着乞讨的，是用双手索取他人钱财的人；另一个同样是坐在校门口，但身前摆放着蔬菜，是用双手辛勤工作换取钱财的人。如果你手里有5元钱，你会给谁？

　　乞讨者佝偻在角落里满脸褶皱，扶着裹满木乃伊般层层叠叠灰黑绷带的拐杖，一手拿着锃亮的不锈钢水壶上下抖动，里面的一毛、五毛、一元硬币相互碰撞，发出令人厌烦的"哐当"声。他一看到人，就主动凑上来，一边死命摇动手里的杯子，一边用絮絮叨叨的方言诉苦，双眼直勾勾地盯着你可能有钱的地方——上衣口袋、背包、手中……让人浑身不自在。身旁有人投进几元钱，他就像看到金子一样欣喜，一把抢过，艰难地往他虽然破旧但是鼓鼓囊囊的口袋里塞。这样的他，不知已"打劫"过多少人，欺骗过多少人心里的善良。杯子里再一次空荡荡的，又只剩下几枚一毛、五毛、一元硬币，这就是一部分乞讨者的"光辉"日常。

　　相比之下，那坐在轮椅上的女人，那坐在小角落的老婆婆，她们的身影总是一直浮现在我的脑海中。

　　在双十一那天，列东百货门口有一个免费医疗检查的帐篷。在帐篷一角，有一个坐在轮椅上的女人。她的双手飞快地交织着，令人眼花缭乱。她的面前有一张小桌子，上面摆放着各式的手工针织品。看得出来，她技艺精湛：一个个绣花小荷包，小腰包，深受孩子的喜爱。被孩子拉来的大人们，有的会在拿钱时与她唠唠家常，这才知她靠这活命，她的一双巧手是她的生活来源。我买了一个绣着荷花的荷包，价格也很公道。我钦佩她用自己灵巧的双手撑出一片属于自己的蓝天。

同样用双手播下希望的种子、收获心血的还有我小学时偶尔会在街角遇见的老婆婆。

她总是被来来往往的人群、拥挤的小吃车遗忘在一个小小的角落。小小的麻袋铺在地面，上面摆些朴实的、品相不及他人的青菜和一些零碎的东西。她在来往的人群中，总是孤单一人，安静地、仔细地用她那布满黑茧的双手，刮去生姜上那层厚厚的泥。我们只要看到她，就会去买她的韭菜。她不像其他小贩那样欺负我们这些幸福的孩子，她给我们的总是比别人更多更便宜。带回家做馅，味道也不比早市买的差。

她们总是令我感动，是因为她们生活得善良与阳光，是因为她们自食其力，是因为她们的自尊自强……人可以卑微，但不可以没有羞耻心。当乞讨者抛弃自己的尊严来换取金钱时，那一刻，他已将自己的自尊踩在脚下。心中的天平已摆正，我知道我该怎么用手里的这张不大的五元钱。

# 舌尖上的家

柯航琳

　　妈妈有着一双化腐朽为神奇的巧手，它能够将朴实无华的食材制成一道道精致可口的菜肴。也是这双手，将"舌尖"与"家"紧紧联系在一起。

　　七月，盛夏。夏季的热风带来令人窒息的能量，走在回家的路上，我恨不得立刻来一碗清凉解热的冰糖绿豆汤滋润干渴的喉咙。每当我去游泳时，妈妈总会在家煮我最喜爱的冰糖绿豆汤。糯米与绿豆的搭配，加入纯净水，再放入大块冰糖，锅底的绿豆与糯米激烈地碰撞着奏出美妙的交响。美味优质的绿豆被洁白的糯米激发出香甜软糯。在这样一个酷暑，我喝下的不仅是可口的绿豆汤，更是妈妈对我的关爱与照顾。

　　喝完满满一碗绿豆汤，我更加有信念和毅力完成下午的作业和任务。

　　左盼盼，右盼盼，终于盼到妈妈的一句"开饭啦"，我迫不及待地来到饭桌前，今天的晚餐可真丰盛！烤三文鱼，捞空心菜，砂锅鱼头汤，更开心的是妈妈做了我最喜欢的糖醋排骨。锅中倒入少许油，葱段用油煸出一股香味。浓郁的酱汁均匀倒在炸好的排骨上，香甜与酥脆的完美结合，肥而不腻的排骨，带你进入一场味觉的豪华盛宴，

105

宁静也是一种享受

使你的舌尖统统缴械投降。

一种爱的味道超越了所有食物的芳香萦绕在我的唇齿间，久久挥之不去。而这种爱的味道，把我们紧紧缠绕在一起，让我更加珍惜父母对我的体贴与呵护，关心与疼爱。

# 我读懂了父母的爱

刘昕晨

从小父母的爱就是我所不能理解的。

我实在看不出，爸爸妈妈到底疼我在哪里。可以说，从我记事以来就很少听到过爸妈的表扬。倒是考试考差了就会被吼，作业质量不行就会被退重写……这样的事情，每天都在发生。

可是，那一次，我却明白了……

那年夏日，本是阳光明媚的好天气，我的心情却恰恰相反。踌躇着站在舞蹈厅后，平复着难以平复的心情。这是我第一次舞蹈考级，心中的紧张感更是难以形容，紧握着妈妈的手早已冷汗狂流。

扯住爸妈的手："不考了好不好？"还没有说完，妈妈打断我："我和你爸有事，考完后你自己回家吧。"我一听，恐惧立即填满我的内心，慌忙拉住妈妈的衣角："不考了！""本来就是你要考的！"爸爸一吼，我便不敢出声了。凝视着爸爸妈妈决然的背影，泪水模糊了我的视线，也模糊了他们的背影。

怎么考级？那是我在即将轮到我之前唯一一直想的一句。我开始埋怨爸爸妈妈这时候的离开，谁说可怜天下父母心，一点也不爱我！越是焦急脑袋越是空白，原来滚瓜烂熟的动作现在是一个也记不起来。终于听到我的名字，只能硬着头皮上前去。

一对上评委的眼，愈发紧张，我立马将目光移向别处。

可是这些，都是我必须面对的，反正躲不过。好，那就深吸一口气，好好跳，有什么大不了！别人都行，我又不比人差，我一样能行！

久违的音乐悠悠地传来，在动听的乐曲中，我渐渐忘了一切，身体不由自主地动起来，直到结束。

一曲结束，果然没有见到爸爸妈妈的身影，不禁和同伴抱怨爸妈这一"罪行"，她却不这么认为："父母没有不爱自己的孩子的……"我却听不进去，实在不明白爱我在哪里？

愤愤地走出舞蹈厅，舞蹈老师忽然拉住我："考过了！你爸妈都很开心呢！"我皱着眉："他们怎么知道？""你爸妈不是一直在门后看你吗，刚才还和他们聊了几句。"

原来是这样！我的眼角瞬间湿润，明白了，爸爸妈妈，一直是爱我的。所谓的"离开"只是为了让我更好地独立，他们又怎么舍得真正"离开"呢？

恍然间明白了：平时的"不近情理"的严格要求，退还作业重写，严厉的批评，又何尝不是爱呢！

心里好想告诉他们：你们的爱，我懂了！当然，我不一定会说得出口——像他们一样。想想，我终究是他们的孩子——不善言辞。

走出大门，云开雾散，天是那么蓝，太阳照得我好暖。

爸爸妈妈正笑盈盈看着我……

# 这就是我

多吉伦珠

　　每个人都具有一种与众不同、独特的性格，这是独一无二的，有的人脾气暴躁，有的人脾气温和，各有不同之处，就像这世界上没有一模一样的两片树叶。

　　我觉得我有时候很粗心大意。记得有一回是在考数学，老师发下卷子我立刻走马观花地看了一遍。嘻，都挺简单的，于是我就抓起手中笔开始答题，没到一半的时间我就把卷子写完了。我左看右看，看到身旁的班长，正摸着头。啊！我心想：哈，班长，你也遇到拦路虎了吧。我又望到我前面的学习委员，他也好像遇到了困难，我想今天我非要超过你不可。我连检查都没检查，就立马起来交卷了。我下来时，同学们用一双双崇拜的眼神看着我，好像在说"他写得好快呀！"

　　第二天老师发试卷时，大声宣布："第一名学习委员扎西多吉，第二名班长加永，第三名……"怎么还不是我？我开始感到害怕，头不禁往下越垂越低。"第六名多吉……"我的脸顿时发起烧来，真丢人，还那么早交卷！我感到无比的羞愧！卷子一拿到手，我看到连最简单的计算题都错了，我简直是无地自容啊！

　　不过，我虽然粗心大意、偶尔小小地自满一下，但我也有很多优点，譬如我会画画，还喜欢摄影。每当我去过林卡或是旅游时，我只要看到一处美丽的风景或建筑，就会把它画下来或拍下来。去年春天，花儿慢慢开了，布达拉宫的公园格外美丽。看到在花丛中宏伟壮丽的建筑，我不由得拿出随身携带的纸和笔，记录下这美丽的一幕。如今，我去过庄严肃穆的布达拉宫，去过历史悠久的雍布拉康，去过广阔无垠的羊卓雍错，拍摄过路边的小花，野松林中可爱的松鼠……它们都通过画笔和相机留在了我的心中！

　　这就是我，粗心大意的我，容易自满的我，喜欢画画、拍摄的我，快乐的我，我知道在生活当中我还有不少的缺点，但正因为这些缺点，才形成了独特的我！

# 有球拍的日子

黄思瑾

　　说实话，几把拍子，陪伴我度过了小学。也许，陪伴别的同学最多的，除了父母，就是书。可是我认为，陪伴我最多的，除了父母，其实是球拍，因为有的时候根本没有时间看书。

　　寒假，暑假，周末，节假日……这些让人放松的日子，别的同学在家里学习，玩耍，我在球场上奔跑。当别人在家里无聊发愣的时候，我在赛场上比赛……

　　当冬天来临时，别的同学在家里喝热汤驱寒，我在球场上冻手冻脚；当夏天来临时，别的同学在家里吹空调，我在球场上累得满头大汗。

有人问我："你这样不累吗？"我会毫不犹豫地回答他："累，当然累！"有人问我："你这样不会厌烦吗？"我会告诉他："厌有什么办法？烦又有什么办法？"虽然我又厌又烦又累，但是别人在运动会上被淘汰，我却在运动会上得名次。

有人问我："你学习不会落下吗？"我会告诉他："起码目前还没有。"虽然当别人已经准备上床睡觉时，我却还在台灯下赶作业，但是也不见得别人成绩会比我好。因为打球不仅锻炼一个人的意志力，还培养一个人的竞争力。正是因为这样，所以我才会更努力，为了跟别人竞争，我也会更加拼命。

有球拍陪伴的日子，虽然又累又苦，风雨无阻，但别人没享受到的我享受到了，别人没吃过的苦，我吃过了，别人没有的成绩，我有过了，别人得不到的至高无上的自豪感，我得到了。

因为训练，所以我会吃苦；因为比赛，所以我有获奖；因为风雨，所以我能自立。

# 我 的 父 亲

钱则昀

我的父亲是个很特别的人，他与我的关系非常微妙：有时，他像个孩子；有时，他又像个老头。我们既是父子，又是朋友，还是师生。

他是一个淘气的孩子。在假日里，他从来没有父亲那种该有的威严，总是陪我嘻嘻哈哈、打打闹闹，有时还动手动脚。因为我比较"亚健康"，所以他常常和我一起运动——乒乓球、羽毛球、跳绳、游泳，玩上瘾后还得母亲来叫才停下来。他也陪我玩智力游戏——下棋、打牌、石子剪刀布，还发明了"英文猜拳"，逛街时都可以见到我们在街上边蹦边玩。他还经常和我一同走出家门，感受祖国大好河山，开阔眼界，使我的阅历丰富了不少。

他是一个啰唆的老头。在我犯下错误的时候，他就会啰里啰唆地说一堆话，烦得不得了——虽然是为我好，但说实话，不管他出于什么目的，我都特别不喜欢他这样，和前边的"孩子"比起来差多了。

他是我最知心的朋友。我遇到不顺心的事时，第一个想起的就是他。然后，我变成了老头（遗传嘛，正常），向他一把鼻涕一把泪地大倒苦水。他从不厌烦，耐心地听着，然后明确地点出要害。如果我错了，他就让我静下心来自己悔过；如果确实是不公平，他总会劝我忍一忍，但也适当地陪我发泄发泄。我本身就不爱记仇，这么一来，心情马上就平复了。每次我和他怄气，都是我先主动找他和好，因为没有他的日子真太闷了。

111

他也是我最好的老师。在我很小的时候，他就开始教我认字、写字，养成了热爱读书的好习惯。我们常常在周末一起去图书馆，有时还读同一本书，互相交流感受。我的写作也是他教的：我们空闲时会一起写作文。先定好一个题目，父亲在初期会教我怎么写，然后再一起写，所以写出的文章除了字迹几乎大同小异。等我有进步后，他就不教我了，让我出题，两人一起思考，再一起写。我出的题目大多很难，不是为了自我挑战，而是想难倒父亲。可是他拿准了我的心理，让我没有一次达到目的，反把自己难住，从而作文水平也在不知不觉中得到提高了。

有人说，父亲很严厉，今生我恐怕无缘感受了，因为我到现在都没发现我的父亲是如此。父亲把他对我浓浓的爱藏在了心中，用自己时时刻刻的关怀表达他无私的爱。

# 晒晒我们班的"牛人"

伊　楠

我们班的"牛人"，看似平凡，实际不凡。只要看他们第一眼，便会知道，这些必然不是一般的人物。

112

## 学习"牛人"魏润杭

他的成绩在年段里虽不是数一数二，却是我们班公认的第一名"学神"！

看看他的成绩，没有一科不是优秀。尤其那认真严谨的学习态度，真不愧为老师喜欢的好同学，同学崇拜的对象。几次上课，老师问到有些难度的问题，班上总是高声推荐"阿杭"来解。魏总呢，总能不负众望，沉着冷静地解出题目。一旦提到班级学习的事，班上总能第一个想到魏总，而性格开朗善良的"阿杭"总是顶着我们的期望，赢得一次又一次的荣誉。

不是每一个学霸的体育都是优秀，但我们的魏总做到了。他是"排球王子"，甚至引体向上也能遥遥领先。简直是全能的"学神"。这让我们情何以堪！

### 神游"牛人"陈宇轩

生着高大的身子，却有一颗爱幻想的脑袋。在许多课堂上，你能听到老师不时地呼唤他的名字，那就是陈宇轩！你也可以叫他睡神。这个家伙上课时，你没看着他点，立马就梦游去了。一旦入睡，难以再醒。老师叫他，没用；捅他一下，没用；摇一摇他，还没用。这时，只有实施"暴力"行为，狠狠地拍他几下，并且在他耳边大吼一句"起床啦"，才会见效。

他的思想也很奇特，一会儿奇迹，一会儿神灵，一会儿太空，根本就是常人所无法理解的。比如上节心理课，老师叫我们编写那头驴的下场，这个家伙左一句神奇金箍棒，右一句神奇变身丸，再来一句神秘外星人。简直就是神一样的境界。

113

# 难忘的比赛

赵帅涛

"你是我的小呀小苹果……"我哼着愉快的调儿，踏着轻快的步子，走向学校。在这个万里无云、秋风送爽的日子里，我期待已久的比赛就要开始了！

一阵铿锵有力的音乐响起，宣示着下午的比赛项目正式拉开了序幕。我，一名即将上场的运动员，正神色平静地坐在"大本营"玩着手机，手指随着游戏音乐律动着。表面看似十分镇定，可是又有谁知道我此时的心情是何等激动，何等澎湃呢？你可不要因此而嘲笑我，毕竟我即将走上"战场"，有一点小激动是正常的。"请参加男子八百米预决赛的同学马上到升旗台前检录！"广播声骤然响起，对于其他同学来说，这是在提醒他们可以看到运动员比赛时的英姿了，而对于我来说，这与阎王爷的催命符相差无几。比赛即将开始，我的心就如同小鹿般乱撞，又像一根拉得紧绷绷随时有可能崩断的弦。烈日炎炎，还没开跑的我就已汗流浃背，口干舌燥。突然有人拍了我一下，原来是同学给我送水来了，他们让我稍微抿一口水，然后接过水瓶。我自信满满地站在了赛道上，一回头发现两双闪烁着光芒的眼睛注视着我，传达给我"你会胜利的"的信心。

"砰——"的一声，发令枪声响起，也宣告着八百米预决赛正式拉开了序幕。我犹如脱缰之野马、离弦之飞箭般奋力冲向远方。我迈开脚飞也似的向前冲，一百米，两百米，三百米……刚开始我还处于领先状态，可是伴随着时间一点一滴地消逝，力量也从我体内一点一点地耗尽。我大口大口地喘息着，喉咙里就像有一团火在燃烧。内心深处一个莫名的声音叫喊着："放弃吧！你坚持不了的！"可是耳边响彻："加油！你能行的！"我猛地一个冲刺后，却再也跑不动了。恍惚中，我似乎看到两个熟悉的背影在终点焦急地等待着，我凝聚起身体之中仅存的力量，奋力朝终点而去，只可惜，我还是太晚了！

我想象着同学们将会如何数落我，可事实并不是如此，他们不但没有嘲讽我，反而还安慰我"明年你一定会赢的"。我想，这应该就是友情吧。难忘比赛时的艰难历程，更难忘赛后同学们的那份宽容和期待。

# 梦里老家

杨涵琪

独自漫步在林间，阳光从叶缝中透过，小鸟欢快地唱着；穿过一片片林荫，尽头是一面明镜般的小湖……

有没有种梦境的感觉？那正是我的老家。她在山里，远离城市的喧嚣，清新如画；她被绿水青山所包围，宁静舒适；它周围是大片大片的农田，整齐有序……

春天的老家，山上的树刚刚发芽，远处看上去，嫩嫩的，鹅黄浅绿。竹林里春笋正长得欢呢！沉寂了一个冬天的小溪，又欢腾地唱起了小曲儿。人们也忙碌起来了，翻土，播种……

每个人脸上都洋溢着幸福的微笑。在那山的尽头，越过黄泥地，那水渐渐也泛起了绿色，隐约看得见远处的人们，在往水库里倒些什么。哦，也许是小鱼苗。风，轻轻拂过，吹起少女的衣裙，吹起零星的花瓣，花瓣落在水面上，好似独舟，似心情，如花，绽放。

夏天，老家整个的被绿色包围了起来，到处是绿茵茵的，树是绿的，稻谷也是绿的，好像是沉浸在绿的海洋里。漫步在林间小路，百鸟鸣叫，树木向你问好，风里都带着浓厚的树的清香味儿，我想，这就是夏天的味道。

秋天，这儿是丰收的季节。大片大片金黄色的稻子，山上有星星点点的暗黄，但仍然生机勃勃。这时，我们总开着车，到那如一面明镜的小湖前，坐在树荫下，静静地等待鱼儿上钩。钓上一头大鱼，不用加任何多余的调味品，只需放一点生姜，一点盐，放进大锅里去蒸，加一把柴火，便是一盘美味的清蒸鱼，味道鲜美，让人望而生津。夜晚，搬把椅子上到顶楼，那满天的繁星，真是令人如处梦境之中。小时候听家里的长辈说，丰收时节的星空越亮，今年的收成就会越好。那一颗颗流星转瞬即逝，秋天，梦寐的季节。

冬日，老家的冬日，还真是万里无云，太阳总是能及时地赶来报到。那温暖的阳光洒在人的身上，使人整个儿精神起来。阳光暖洋洋的，人也有了干劲儿，快活地走着；小溪闹了一年，这时也舒适地睡着，水面散发出层层光芒。金色的光晕配上小山、蓝天、白云和清冽的水，一切都似乎是那么美好，虽偶尔飘点小雪呀，却反倒衬托出阳光的温暖。

这儿，是我梦境一般的老家。

# 儿时记忆

小时候，对于那片绿荫从不在意。现在，她走了，再也回不来了，这时才感到她的重要，就如那一去不复返的童年……

小区里，有个小操场，那里承载着我所有儿时的记忆。

还记得小时候，我是一个很好动的孩子，中午不爱睡觉，老是停不下来，很爱闹，所以一到中午，便是家里人最头疼的时候了。当我把大家弄得火冒三丈时，奶奶总会带着我悄悄溜出去，穿过小道，走入小操场。这里仿佛是我的镇静剂，只要到了小操场，我就能马上安静下来。我会一个人坐在操场的树荫下，听着鸟儿在树上歌唱，静静地度过美好的中午时光。春天，独自坐在树下，看着嫩芽萌发；夏天，中午时分，烈阳高照，坐在树荫下，一个人独享浓厚而又茂盛的绿荫；秋天，落英缤纷，体会着离别的忧愁；冬天，寒风刺骨，绿荫消失，却依然倔强地挺立着。现在想来，那种最简单的幸福，就是这样平平淡淡。

操场不大，却总是挤满了人，打着篮球、羽毛球、气排球，挥洒汗水，释放能量。一群天真可爱的小孩，在操场上快乐地玩耍着，那笑声是那么清澈，足以震撼人心，在上空久久无法消散。

我也是在那个不大的操场上，学会了骑车。那天的跌跌撞撞，我会永远地记着，它使我成长，更多的是对操场宽容的感谢吧。是她像母亲一样细心地陪着我成长，陪我走过童年里所有的磕磕碰碰，陪我度过成长过程中一个又一个的坎。可现在，那个不大的操场已悄然变成了废墟，一幢幢小楼即将在这片废墟上探出头来。

117

窗外，飘落几点伶仃的雨滴，挖土机兢兢业业地工作着。望向曾经陪着我长大的那个小操场，谁又能明白她现在的无助呢？

# 难忘母爱

揭田果

假如我可以衡量母爱。

## 一米阳光的母爱

"我想摸一摸阳光，应该是暖暖的吧。"

今天的阳光真温暖，它不吝啬地铺满整个大地。妈妈抱起厚厚的被子，轻轻地放在一米阳台上，阳光乖乖地躺在被子上休息，被子被照耀得暖暖的，在阳台变得耀眼，像是与这个世界格格不入，不同是格调，是王者，注定在脚下俯首称臣。晚上，当我疲惫不堪地倒在床上，准备进入梦乡时，我闻到了，我闻到了阳光的味道，它轻轻地躺在这床在阳光下灿烂过的被子，睡着了。

## 一平方米的母爱

"我想淋一淋小雨，应该是暖暖的吧。"

下雨了，雨丝来自天际，在那广阔无垠的苍穹中好像有无数个蚕茧，地上又好像有无数双手在忙碌地抽丝，抽之不尽，敛之不完。妈妈撑着一把伞，我依偎在妈妈的怀里。快到家了，不经意的一个喷嚏，我望了望妈妈，她左侧的衣服全湿透了，抬头，我望着那把一平方米的小雨伞，悄悄地往我这里斜了斜，我轻轻把它向妈妈的方向靠了靠……

## 三百六十度的母爱

"我想抱一抱妈妈，应该是暖暖的吧。"

早晨起床后准备上学，妈妈悄悄地往我手中塞了一颗小小的鸡蛋，热热的，暖暖的，我感受到了不只是鸡蛋的另外一种温度。我轻轻地拿着它，生怕一不小心打碎了。妈妈这几天因为我的事太过于操劳感冒了，加上没吃早饭，脸色显得有些憔悴。握着手中的鸡蛋，我悄悄地走到妈妈的房间，轻轻地把鸡蛋放入妈妈的包，悄悄地拉上拉链，微微地上扬了嘴角。我悄悄地走到正在忙碌的妈妈的背后，一把抱住，妈妈回过身，也将我抱在怀里，"怎么了？去上学吧！"我点点头，转身走了，望着那颗从妈妈怀里到我手上又回到妈妈身边，转了三百六十度的鸡蛋，竟无言以对。

母爱像水，深沉清澈，无私无求，无可替代，无须语言。

假如母爱能够衡量。

119

# 难忘的背影

黄舒婧

又是一个寒冷的雨天早晨，我正准备去学校时，妈妈急匆匆地从房间里跑了出来，手里还拿着被我遗忘在床上的毛衣。霎时，一个熟悉的画面，在我脑中浮现。

还记得那也是一个寒冷的冬天，天上下着大雨。雨点打在雨伞上"滴答滴答"地响着，小雨鞋在雨中"啪啪啪啪"不合时宜地唱着歌儿，时不时溅起音符般的水花。那天我值日，便很早来到了教室。

120

我拿着扫把，走到走廊外，一阵寒风朝我袭来，我不禁打了个寒战。低头一瞧，呀！走得太急，忘记穿毛衣了！这可怎么办，不穿毛衣，一个早上我会"冻死"的，我的嘴唇也不争气地哆嗦着。

"可可！"突然，一个熟悉且亲切的叫声在我耳边响起。

我急忙转过头，原来是妈妈！妈妈给我送毛衣来了！我走上前，却又不由得停住了脚步。只见她大口大口地喘着粗气，一手拿着用袋子装好的毛衣，一手还提着公文包。

"哎呀，你看看你，连毛衣都能忘，要不是我……好了，不跟你说了，妈妈上班要迟到了！你马上把毛衣穿上，要不会冻坏的！"她走上前，把毛衣塞到我手里，不等"谢谢妈妈"这句话说出口，她便匆忙地掉头就走。

在她转身的一刹那，我仿佛看到她瘦小的身躯不经意间晃动了一下，也许是因为寒冷，也许是因为匆忙。我呆呆地杵在原地，视线凝固在妈妈走得越来越远的身影，她迅速朝楼下走去。过了一会儿，我向下望去，再次寻找那熟悉的身影。只见她快速撑起雨伞，急速地奔跑在雨中，一向爱美的她，不顾水花放肆地侵扰着她那整洁的裤管，任凭寒风吹散她美丽的秀发，她依然奔跑着⋯⋯

我不曾发现，她的背影何时变得如此高大，我也不敢想象，一向不爱运动的她是如何一口气跑上五楼的。我依然站在原地，紧紧攥着毛衣，眼泪不争气地在眼眶中打转，当她的身影消失在匆忙的行人中时，我的眼泪终于掉了下来。

我望着窗外淅淅沥沥的雨滴，手里攥着妈妈给我的毛衣，我轻轻地说了声："谢谢妈妈。"

# 舌尖上的家

林　晨

食物，不仅是人们果腹的物品，也不仅仅是一种舌尖上的享受，它还承载着无数人对故土的记忆，对家乡的眷恋。

我的祖籍是龙岩市长汀县。那里丘陵沟壑众多，是闽西典型的地貌。位于高山云霭之下，自然湿润多雨，那儿的饮食也就离不开红艳的辣椒和醇厚的老酒。如今虽然远离故土，定居三明，但是父辈们记忆中家乡的味道却始终没有淡却。酒酿的醇香和辣椒的火热早已成为了他们对乡土的记忆，化为了一缕淡淡的乡愁。于是，奶奶家的餐桌上辣椒和老酒也成为主旋律。每逢年关将至，窗户旁总会挂着一串串红辣椒，寒风中的那一抹红艳也给节日平添了喜庆的色彩。在震耳欲聋的鞭炮声中，年夜饭也拉开了序幕。圆圆的桌子上，除了火锅、饺子、年糕等必备品，还陈列着酒酿焖鸡、麻辣豆干、芋饺等客家特色食品。醇醇的老酒温暖着我们的胃，热辣的辣椒让我们抵御冬日的严寒。同时土黄澄亮的老酒和鲜红的辣椒也让我们承袭了客家人的淳朴敦厚、包容大度、热情坦率。

妈妈的家乡是东南沿海的福清，那里的人们多以捕鱼和水产养殖为生。波澜壮阔的大海慷慨地向他们提供着源源不断的食物。外婆家的餐桌上也少不了海产品。心灵手巧的外婆会做各种各样的海鲜，她最拿手的要属海蛎煎饼和白菜鱼汤了。当远在上海、福州的两个姨妈回家时，外婆总会不停地忙碌。油锅的"吱吱"声和灶台前外婆忙碌的身影构成了一幅美妙的画面。圆圆的海蛎煎饼在炙热的油锅里像一只只小蝌蚪，欢快地游弋着。不一会儿，就装满了一大盆。手拿金灿灿的海蛎饼，配着熬得乳白的鱼汤，真是惬意。温热鲜美的鱼汤一如外婆粗糙温暖的双手，无时不以一种特殊的形式陪伴着我。那滑进喉口的一瞬间的温暖，也伴随着家的记忆铭刻在我的脑海中。

奶奶家的老酒和辣椒铸成了客家的味道和独具魅力的客家民俗，外婆家的海蛎煎饼和白菜鱼汤又好像在向我诉说着大海的百年沧桑和海浪击荡下的东南沿海文化。它们以自身独特的味道和特殊的形式，演绎出了我心中的家的味道、家的记忆。

# 宁静也是一种享受

吴雨婷

"静听花开花落，坐看云卷云舒。那个世界安宁美好，菊香满怀。"有时候，宁静也是一种享受。

清风吹起的早晨，我踏着朦胧的亮光，坐在河边的长椅上，望着远处天边的一抹白色和一点金黄。路灯还没有熄，洒下暖暖的橘色光芒。身后是大片大片的草坪和柳木。深吸一口气，在河的护栏边驻足，望着水中的倒影，泛着粼粼波光。轻轻唱起歌，耳边是清风和星星点点的虫鸣伴奏。微合双眼，脑中缓缓滑过这段时间的欢声笑语，心中得到一点明悟。原来，宁静也是一种享受。

筝弦奏响的午后，我缠好指甲，轻抚琴弦，一拨一弄，恰是我心弦，音符像是看得见的精灵，在空中翩翩起舞，我的心也随之舞动起来。别紧张，这只是缓慢悠扬的华尔兹。心再次沉淀下来，耳边充斥着琴声。一曲《渔歌唱晚》仿佛带我来到了溪边，矮石上蹲着浣衣的妇女，溪上是打鱼归来的渔民，远处草地上是放牛的牧童，一切都令我无比轻松、愉悦。一曲完毕，蓦然间，心中荡起几波涟漪。原来，宁静也是一种享受。

静谧平静的夜晚，平躺在床上，脑中回放一天的生活。耳边是均匀的呼吸声与沉稳的心跳声。忽然想起一句话，"我的心在乌云上面"。宁静的心态不就似于此吗？人生中总会遇到许多坎坷与困难，只要我们放宽心态，以宁静的思考、宁静的心情去对待，去跨越，去飞翔，将你的心提升到一定的高度，那么你将会看到艳阳满天。原来，宁静也是一种享受。

静思人生起伏，坐想成长之路，那个时节，通透明悟，宁静满怀。原来，宁静也是一种享受。

# 我愿意失败

扎 西

美丽的花环，闪亮的灯光，热烈的掌声……这一切不属于失败者，但上帝是公平的，他给了成功者光彩，也给了失败者机会——对，就是再次冲击成功的机会。

"叮——"，再平常不过的上课铃声响起，整个教室都弥漫着紧张的气息。老师来了，老师开始念名字了。从第一名开始，一个一个同学被依次叫到，领回自己的考试卷子。我心中不断祈祷着，下一个是我，是我……但直到第"十七"位，我的名字才被念到。

顿时，我感觉自己掉进了一个无尽的深渊，黑暗笼罩了我，眼泪也悄悄地滑出我的眼角，我很想忍住这不听话的泪水，泪却越来越多地不受约束地涌了出来。只是第十七名，那么多的努力付出，那么深的期盼自信，一下子都被现实击打得粉碎。我觉得自己败得一塌糊涂。

　　静静的宿舍里，我给爸爸打了一个电话，却没有得到意想中的安慰。爸爸只是淡淡地说："付出多少，就回报多少。你真的完全努力了吗？失败只是一把尺子，衡量出你的努力程度。"爸爸的话就像塞子一样，堵住了我正在流的眼泪。我明白了失败的意义。不该继续在痛苦中沉沦，而应擦干眼泪，再努力一把，再拼一把——成功不只需要才干，也需要勇气，再次冲击成功的勇气。

　　从此，失败在我的世界里有了新的色彩，覆上了希望之绿。在失败后如果不绝望，铭记它带来的伤痛，化作前进的动力，那么总会迎来成功，比没有经历失败的成功更有价值，因为在失败中沉潜后，才能体会成功真正的意义。

　　我愿意失败，让失败来宽广努力的天际。

# 琴　　缘

陈泽亚

　　自从我七岁那年到老师家的那一天开始，我便与小提琴结下了不解之缘。

　　"每把琴都是有生命的，能够展示多少，则看用琴的人了。就算是普通的练习琴，只要用心，也可以展现出别样风采。"那是我刚拿到自己的第一把琴，年幼的我便有些手舞足蹈。老师的这番话，那时的我还听不懂其深意。

　　过了几年，我要考级了。老师对我们也一反常态地严厉。"只剩

宁静也是一种享受

几天了，你们要加倍刻苦，每天至少要练四个小时！"老师平时亲切的面孔变得严肃许多。四个小时，真是让我苦不堪言了。慢慢地，我从最初对小提琴的喜爱变得有些不耐烦了。琴谱上复杂的变化让我头昏脑涨，老师的训斥让我沮丧不已，我甚至有过放弃的念头。

考级前一天，老师让我过去再训练一次。早已身心俱疲的我不知何时走了神。"铛"一声突然传来的撞击声惊醒了我，我这才发觉手中的琴竟在无意间滑落，重重地砸到了地板上。"哎呀！"我还没来得及捡起琴，老师倒先叫了起来。只见他飞快地捡起琴，仔细检查，鼻子都快碰到琴了。他左右摆弄了一番，确定没问题后才松了口气，叮嘱我千万要小心，绝不能再这样。

或许是老师教导有方，又或许是我的努力得到了回报，我的考级十分顺利，还拿了个不错的成绩。再到老师家去，老师也是面露喜色。课后，老师把我留下来，我本以为是我有什么练习上的缺陷要指出，谁知他只是说："你买新琴的事，跟你父母商量好了吗？"我一时沉默了。近来家中经济有些拮据，过日子也要精打细算，哪有钱买新琴？但这又不同于普通的练习琴，是要用好几年，甚至十几年的，自然要买好的。老师看出了我的心思，一言不发，进屋取出了一把充满古典气息的琴。他慢慢坐下，把琴放在膝盖上，慢慢地抚摸着琴身，如同在欣赏一件艺术品一般。过了许久，老师才开口："这琴，是我老师传给我的。"我吃惊地看了一眼，那琴经历了几十年的岁月洗礼，竟仍旧光彩照人，一尘不染。"我是看着你长大的，这琴，我便先借你用一用。你要好好对待它。"老师静静地看着我说道。我听了这话，一时有些目瞪口呆了，鼻头不知怎的一酸，差点要掉下泪来。我接过琴，说道："谢谢老师。"

琴缘，亦是情缘。

# 风吹过的童年

　　现在外婆家的风，也总会如期而至，它吹走了岁月，吹乱了记忆，吹老了外婆，现在再也没有人与风嬉戏，但是，它一直藏在我美丽的梦乡。

# 那些触动过我的水

小 管

是在清晨，傍晚？

是在春日，晚秋？

不论何时，与水相遇，我总是满心欢喜。

与沱江相会，是一个清晨。旅馆的窗下就是碧绿的江水，一个小小的白木码头，系着几条小小的船。浅浅的摇橹声，早早就在江面上荡漾开来。晨起有雾，从窗外看出去，烟波浩渺，一折青山就被这晨雾锁住，被窗子框起，想这凤凰山水就成了我墙上的一幅画。

迫不及待下楼去，已有船娘开船，轻唱着山歌了。有位妇人看我在江边看得痴了，笑问："坐船吗？"明丽的笑脸，活泼的神色，正如《边城》中那灵动的翠翠一样，凤凰的山水真养人啊。桨轻轻拍着水面，水柔柔的，仿佛一块通润的璧，绿得润泽，好似透着光；绿得生机，江岸两旁，一群白鸭，清清洁洁，点状缀于这绿壁上；绿得安静，沱江的水，真静，你都看不见它的流动，似乎连船桨也无法搅动，只能看来年春风，吹皱这一池绿水。

若说沱江是柔得让人心动，那么黄河便是壮阔得让人难忘。

曾有幸见过汹涌的黄河水，遥远的，吵闹着，水互相拍打着，冲撞着，争着上前，上前。

黄河在那么多水中，是那样的特别。还远着，光听，那奔涌着的，不息地流动着的声响，你就知道那是黄河。一下一下拍击着前进，鼓动着，仿佛是塞外汉子雄壮的腰鼓，一下一下，脉动着的，好像不是江水，是血液！滔滔不绝的，似从天而来，携着一切向前奔涌着，有着万夫不当的气势，奔流到海。

不论是环山绕岩缓缓潺潺的沱江水，还是夹泥带沙奔腾而过的黄河水，每每与水相遇，总会在心上开出快乐的花。不管是柔美又或是壮丽，扣着你的心弦，奏着，奏着，那是水的诉说。

# 百 香 果

巫　敏

129

百香果刚被移植到家里时，只有几片青嫩的叶子，无力地挂在娇小的枝上，带着一小团土，没有一个果实，毫无生气。因此我对于养活它也不抱什么希望，只把它扔在一个小花盆里，由它自生自灭。

盛夏时的几场暴风雨，打得窗台上不少花草"支离破碎"，有的甚至连一片完整的叶子都不剩，枝干搭在窗台上，又经过几日的暴晒后，彻底结束了它的生命。而角落里的那株百香果，不知是幸运，还是它足够顽强，几场风雨的吞噬都没有将它打倒，反倒长出了不少叶子，枝干也长了不少，蔓延到了窗边的栏杆上，向远处的阳光伸去。

转眼就迎来了冬季的冷，外界清一色的绿也渐渐褪去。南方冬季的冷，是刺骨的。寒风卷到屋里，仿佛一切都要凝固。倒是那百香果，比我们人还更为坚强。哪里有风，它就伸向哪里。枝上挂着几个青涩的果实，与栏杆紧紧地缠绕在一起。无论风吹得多猛，也不为所动，在寂寥的冬日里缠绕出一片片绿，用它的生命延伸出对生存、对阳光的向往，蔓延出它柔弱而又坚毅的美。

我想，人生也应当如此吧。越是面临绝望，就越需要希望；越是打击，就越要挺立；越是艰难，就越要坚强。用生命蔓延出自己的追求，蔓延出永不褪色的美。

# 沉默也是一种享受

林艺雯

沉默，这个词让人一望便能感觉到它的深沉，让人不由自主地心静。它是那样深不可测，就似一个望不见底的湖泊。在它偌大的湖面上，一点波澜都不见。可又有谁知，湖面下又是如何的波涛汹涌？

## 当阅读遇上沉默

我读书喜静，一旦读起来便容易忘我，听不见他人的对话，察觉不到外界的喧嚣，更勿论发出声音，就连书页翻动，也近似无声。于是便给自己构造了一个沉默的空间。白纸上的文字跃动着，却不发出声响，只温柔地抚摸我的心房，抓着我的手带向书中，令我的双眼充满了怵动。偶读到感人的段落，只两眼盈泪落在书上，绝不出声地抽泣，那泪水落入沉默之中，却不激起水花，反而往下沉去。满腔的感动涌上来却被这沉默勾住，变成涓涓细流往心里淌去。沉默是空间的无声，而不是心灵的麻木，使人享受心灵的悸动。

## 当困境遇上沉默

在人生中我们会遇上许多困难。当我们焦躁不安时，不如选择沉默，静静地回想所处现状的种种，分析所遇的问题，反思自己的过错，寻求最佳的解决方案。而不是选择大发雷霆，或是烦躁地满世界乱嚷。聒噪并不是解决问题的好方法，只会让你更心焦。而沉默，会帮助你暂时收起锐利的锋芒，学会冷静，找到事情的突破口，瞬间击破。沉默，是无声的应对，而不是无言的懦弱，使人享受通透的解脱。

## 当独处遇上沉默

131

发呆，令人宛若进入无人之境。然而，我更喜欢的是一个人享受沉默。一个人坐在沙发上，或望着天花板，或闭着双眼，抑或望着虚无的一点，但不似那种毫无目的地，心无所想地放空，而是独自思考。或是想着大树下的落叶最终化为尘土的故事，或是思索书中某个不解的情节，在这样的沉默下，我不但没有感到无助，反而在享受沉默带来的思想解放，不用顾及想法是否规整，是否会与名家的观点相悖。沉默是思想的解放，而不是灵魂的束缚，使人感受到思想驰骋的洒脱，那种欢愉令人享受。

沉默会使人有一种压迫感，却也给人带来空间，使人更容易直面困难，也使人的思想变得洒脱。有时，无声更胜过有声。沉默这潭湖水，更令人因平静而轻松，不失为一种别样的享受。

# 风吹过的童年

陈雨倩

仰望星空，怀想童年。每个人都有过一个美丽的梦，闭上眼睛，慢慢地想，细细地回味，我的童年是风带过的，它藏在我美丽的梦乡。

乡下的田野里，到处是风，它总是悄悄地吹拂着每一个孩子童真的心灵。

去看外婆时，我还小。一进院子的栅栏，就看到了一片外婆的田，麦苗顺着风儿轻轻地摆动，宝石般的翡翠色海洋在眼前荡漾，我深深地陶醉了。我问妈妈："为什么麦苗会轻轻摆动呢？""那是风。""是风？"我悄悄地走进它，它像是个怕生的孩子，不敢让我靠近，便向花海中奔去，只留一片馨香，我不觉得加快了脚步，拼命地追赶着，我累了，瘫坐在地上，而风又悄悄向我靠近，只觉它似细柔的纱巾拂了拂我的脸，然后不留一丝痕迹，又悄悄跑远了。

我不甘心，继续开始追风，追着追着，它又跃进了小河里，河水泛起涟漪，倒映在水中的景物时而扩散，时而聚拢，荡漾的河水犹如一块抖动着的丝绸，被阳光映衬着，如同天上撒下的宝石，被风在不停玩耍着。

风玩累了，沿着曲折的小山路，走进了竹林，竹林开始变得活泼了，摆动着枝条，手舞足蹈地比画着，时而左右散开，为风开辟出一条"绿色通道"。风也调皮起来了，绕着竹子转着圈儿，和我一起恣意地玩耍着，跟我玩起了捉迷藏。

晚霞慢慢地升起来了，当外婆找到我时，她急坏了，焦急地说："你一个人跑到深山老林里去做什么，为什么要乱跑呢？"我反驳外婆："你在说什么呢？哪是我自己来的，是风带我来的，风还带我看了许多美丽的景色，还跟我玩捉迷藏呢！"

现在外婆家的风，也总会如期而至，它吹走了岁月，吹乱了记忆，吹老了外婆，现在再也没有人与风嬉戏，但是，它一直藏在我美丽的梦乡。

# 窗边的茉莉

曾丽诗

入夏了，有段日子，雨一直在下，成片的黑云压着整座城市，令人喘不过气来，而繁杂的数学题更是将我的思绪搅得一团糟，很是烦躁。

风咆哮着，风撞击着，雨珠已蹦进了屋子，我转身去关窗。忽然，窗外的一盆茉莉花吸引了我。

那是一盆正遭受着暴雨猛烈欺凌的茉莉花。豆大的雨珠密密打下，巨石般沉重地压着花瓣，风气势汹汹地卷来，将花枝吹得摇摇曳曳。蓦地，一道耀眼的强光划过天际，天空仿佛被撕成了两半。

"咣"的一声，鼓声般的惊雷响彻云霄，惊得花儿开始害怕得发抖。

花朵儿慌乱地抱成一团，彼此紧拥着，像是在寻求支撑与安慰，一起抵挡风雨可怕的进攻。可即使这样，风雨依旧没有减小，雨加大了步伐，没有一点儿犹豫，也没有一点拖沓，排山倒海地朝茉莉花扑去，似是在嘲笑她们的天真。茉莉花惶恐、无助，可又无法可想，只得痛苦地承受着风雨的夹击。枝干，慢慢地弯曲；花朵儿，缓缓地低垂……风雨见打了一场漂亮胜仗，骄傲地走了，黑云，也缓缓散去，只余下窗台边的茉莉花，耷拉着脑袋，几滴水珠从花瓣落下，分不清是汗水，还是泪水……

我望着窗台边茉莉凄凉的身影，想着几株清秀的花儿就这样凋零了，不免有些伤感和惋惜。

时间飞快流逝着，转瞬便到了黄昏。我拿着玫瑰苗，想将已伏倒的茉莉替换。推开窗，眼前的情景令我难以置信：盆里的茉莉，虽然叶掉了些许，先前的花儿也凋零萎谢，但新绽的花骨朵，丝毫不见畏惧之色，热烈地开放着，小脑袋在微风中不时摇晃，似是在相互嬉笑，好不活泼热闹！几只缤纷的蝴蝶在周围盘旋，清风为她们伴舞，花朵为她们欢呼，何其欢乐！

我不可思议地揉了揉眼，这一切竟是真的！茉莉花竟在这短短几个小时内全然恢复了生机！恍惚间，一阵浅浅的幽香夹杂着空气清新的气味窜入鼻中，啊，真香！——这是经风雨打折后又重新盛开的味道。

生活中的挫折是无法避免的，但诚如宗璞所说，"花和人都会遇到各种各样的不幸，但生命的长河是无止境的。"不管风雨多大，我们都要以最短的时间恢复自信，站起来，向前大步走去，永不停下。

几抹阳光洒在茉莉花残留雨水的叶片上，折射出单薄却又固执的身影，几缕秋风拂过，卷着茉莉洁白的芳香与生生不息的信念远去，不知散落在了哪户人家……

# 磨炼方能成珍珠

张梓文

有一粒沙子，想要变成珍珠，钻进蚌的身体，可他被蚌分泌的黏液越裹越紧，让它透不过气来。终于他放弃了，被吐回海底。人的一生不也如此，只有经过磨炼，挺过磨炼，方能造就成功。

磨炼，能够成就大事。西汉史学家司马迁，因为李陵辩解，被处以宫刑，身体心理同时受到伤害。然而他却没在磨难前倒下，而是发出"人固有一死，或重于泰山，或轻于鸿毛"的感慨。除去杂念，一心扑到著书中，才有了《史记》。正因为磨炼，才使他认识人生之短，才使他磨炼出了"淡泊名利，宁静致远"的境界，才造就了他的《史记》，才使他能名垂青史。

磨炼，能够造就性格。宋濂小时家贫，无钱买书，他便借书来抄。纵使冬季已至，砚冰坚，手指不能屈伸，他仍孜孜不倦地抄录书目，做到及时归还。如果没有家贫的磨炼，怎能磨砺出他坚韧不拔的性格？他能在大雪纷飞的夜晚，仍拿笔抄录，而不是双手缩进袖子取暖，或与朋友一起在雪地里快乐地玩耍，这需要多大的毅力？如果没有坚韧不拔的性格，他又怎能读书万卷，成为一代文豪？

磨炼，能够练就传奇。贝多芬二十六岁双耳失聪，他却没有沮丧，扛住了命运对他的磨炼，在关键时刻死死扼住命运的咽喉，谱写

风吹过的童年

出《第九交响曲》等不朽名作，练就了一段传奇人生。可见磨炼可以炼就传奇。

因为磨炼，司马迁才能著出《史记》；因为磨炼，宋濂才能成为一代文豪；因为磨炼，贝多芬才能谱写命运之曲，成就传奇人生。

当然，有了磨炼更应该扛住磨炼，巴尔扎克曾说过："苦难对于天才是一块垫脚石，对于弱者是一个万丈深渊。"所以，我们更应该让苦难磨炼自己，而不是被磨炼打得落花流水，压得翻不起身，一蹶不振。

石头因锐器打磨才能变得有价值，砖头因高温煅烧才能变得坚硬。我们要经受住磨炼，才能使人生变得更加有价值。磨炼，方能成就你精彩的人生！

# 自信为冠，加冕为王

黄紫萱

1820年，在浩瀚大西洋的一叶孤岛上，拿破仑站在岸边若有所思。两年之后他终于合上了双眼，也合上了一个时代的大门。拿破仑，这个闪着光辉的名字，点燃了无数的战火，创造了无数的奇迹。从襁褓时期到弃世长眠，他以自信为武器，赤手空拳打下一片天地。

自信为矛，开天辟地。"我比阿尔卑斯山还要高大。"这是拿破仑在征服意大利时的名言。原本意大利人以为阿尔卑斯山是天险，拿破仑难以轻易逾越。但是拿破仑以其天才般的精确计算，和无所畏惧的自信，率领一支军队奇迹般地越过阿尔卑斯山，战胜了敌军。拿破仑的自信与生俱来，他始终坚信"我就是那个建国之人"，自信使他对自己的历史使命抱有狂热的信念。在他的身上，那种舍我其谁的霸气演绎得淋漓尽致。这样的自信有时叫作魄力。

自信为盾，百折不挠。拿破仑在人生巅峰之时却遭遇惨败。而拿破仑的自信使他具有勇往直前的坚强意志，使他蔑视一切的失败，他抱着必胜的信念东山再起，创立了法兰西帝国。是的，奇迹创造者，你的字典里没有畏惧，即使是失败，即使是孤寂。

自信为冕，加冕称帝。拿破仑在加冕时无视加冕的仪式，自己将皇冠戴到了头上。这体现了他的性格，不信宗教，只信命运由自己把握，是自己的努力成就了自己，所以亲手给自己戴上皇冠。

这个建立了赫赫战功的英雄，留给历史的最后记忆却是滑铁卢败绩。由于拿破仑的战略失误和盲目轻敌，滑铁卢战役的结局是反法联军获得了决定性胜利，拿破仑被放逐。拿破仑成也自信，败也自信。他一生最大的悲哀就是打了太多的胜仗了，这使他成了一个地地道道的战争赌徒。结果他战胜别人的次数越多，输给自我的机会就越大。"我最大的敌人是我自己。"这是拿破仑晚年的哀叹，也是对失败原因最好的总结。

或许是因为兵败滑铁卢的刺激，曾经屡败屡战的拿破仑却在滑铁卢后彻底放弃，滑铁卢并不是他最后的失败，他的失败在于他失掉了自己最初的武器——自信。

拿破仑离开了，然而他如荒野雄狮般高昂着自己尊贵头颅的场景，却在夜空中永远闪耀。

真正的英雄不需要背景，自信为王冠，你便可以揽下这苍穹。

# 做好自己

方芊

　　果树结果，花枝开花，橡树是不会开花结果的，它有它自己的使命——给鸟儿栖息，给游人遮阴。做好自己，便是最优秀的，一味追求复制别人的成功，只会因此迷失了自己。

　　做好自己，每个人都是独一无二的。如今各地的众多模仿秀节目，将诸多名人从声音、形态到神情打扮都模仿得惟妙惟肖，然而最终，人们依然只认可最初的名人，他们获得的成就，他们散发的光芒在人们的脑海中长久地闪亮，而模仿者，则在人们的一时赞赏后被遗忘。

　　同样，经商的人不一定适合做循循诱导的老师；老师不一定会经营生意，每个人各有各的长处，做好自己，才能发挥出最亮的光芒。

　　那么，如何做好自己呢?

　　做好自己，要根据自己的长处，树立长远的目标，努力追求。秦朝的陈胜，曾经只是一个草根农民，然而尚年轻的他，已怀"鸿鹄之志"。当遇到屯兵大泽乡，手下有兵民的时机时，他分析天下形势，看到自己起义的优势，确信自己的领导能力和号召力，经过周密筹划，终于势如破竹，成功起义称王，首倡了反抗压迫的精神。陈胜对自己的能力长处是清楚、自信的，年轻时便有了目标，再经过努力，他做好自己，也为后世树立了典范。

做好自己，可以吸取他人的长处，而不能生搬硬套。每个人练习书法的开始，都是临摹，临老师的字，临书法家的字，而且讲究形似神似。然而，遍观书法家的墨迹，有哪两位的字是一样的神形？没有！苏轼遍学了王羲之、颜真卿的字，最后还是自成一体，豪放不羁，成为宋代四家之首。而乾隆痴迷于董其昌的字，不断临摹，虽清秀，却过于死板，少了自己的风味，终难成一家。因而，借鉴并非模仿，融入自己理解与思考的成果，才能说服别人，成就自己。

橡树是幸运的，它在做好自己的道路上收获了属于它自己的快乐。根据自己的长处，朝着自己的目标，汲取别人的优点，做好自己，发出属于自己独一无二的那束光芒吧！

# 有书陪伴的日子

139

张佳怡

书是智慧的源泉，伴着我走向成功的道路，书是一盏指路灯，照亮了远方黑暗的旅途。它如一缕和煦的清风，让阳光渗透进我的心田。

小时候，最期待的是每天的晚上，因为妈妈总会给我讲许多故事。我静静地倾听，生怕少听到什么有趣的事，因为那一篇篇故事实在太精彩了，渐渐我入迷了，每天非听不可。有天晚上妈妈出去吃饭，一看时钟，已经九点半了，妈妈还是没有回来。我急得像热锅上的蚂蚁，想道：既然没人给我讲，那我就自己看。我小心翼翼地捧起身旁的那本故事书，虽然我认不得几个字，但看看图片，连蒙带猜，也大概读懂了。不知过了多久，我困得眼皮开始打架，满足地进入梦乡。也就从这时起，我爱上阅读，把它当成生活中必不可少的伙伴，最知心的朋友。

上了小学，随着知识的增加，我越来越喜欢看书了，常常废寝忘食，忘记了时间。那些《西游记》里的妖魔鬼怪与一路西天取经的师徒四人，多么像不停追求知识的我们，徜徉在书海中忘乎所以；《水浒传》里的各路英雄，就像大家的理想和目标各不相同，都向着目标奋斗着……除了名著外，我还利用茶余饭后的时间，看了《读者》《意林》等有哲理性的刊物，大大提高我的写作水平，明白了许多道理。这成长的过程自然少不了书的陪伴。

子曰："学而不思则罔，思而不学则殆。"小学毕业后我开始接触散文，《朝花夕拾》这本散文是我最敬佩的作家鲁迅写的，他谱写了中国文学最光辉的一页。也告诉了我：一个人只要不被自己击垮，任何力量都不能使他屈服。在学习上，也必须拥有鲁迅先生这样的品格，才能学有所成。

"书籍是人类进步的阶梯。"在生活中，它总是与我形影不离，帮助我开启心灵的智慧之窗。书是我最忠实的朋友，与我相随，一起度过青春的精彩年华。它带给我的是终身受益无穷的知识和无穷无尽的快乐。

从晶莹浪漫到纷华柔美，书给予了我灵动的想象；从活泼可爱的童话到经典小说，书给予了我飘逸的思考。在有书陪伴的日日夜夜，它给予我的正如那品味不尽的香茗……

# 我的钢琴梦

张岩晗

钢琴的真谛便是坐在金碧辉煌的演奏厅，坐在大气而优雅的三角钢琴前，用灵巧的双手奏出一个个动听、饱满的音符……儿时的我就是这样认知钢琴的，那时的我是多么向往这样的景象。

与它相遇仅仅是因为一个偶然，在电视上看到郎朗那英俊的姿态、动作，那观众羡慕的神情，我儿时的向往又回来了，当我下定决心学习钢琴的那一刻，你来到了我的生命中。

然而，我的追梦路也并非一帆风顺，那一个个音符总是在我眼前徘徊，每天都如此，是那么枯燥、无聊，我的耐心被兀兀穷年的练习磨平，我开始厌恶弹琴的时间，厌恶从前那优美的旋律，我开始退却，每天都让自己少弹一会儿，但想了想那辉煌的音乐大厅，那观众的羡慕之情，我开始企图改变现状，我细心地揣摩乐曲的风格，它的情感，努力让自己重新喜欢上它，弹琴时，我让自己静下心来，把握住每一个表情记号，这一切完成后，我又加大练习强度，每天两小时，从不间断，为了将一首曲子弹到完美，我时常超出两小时的练习量，一遍又一遍地听着名师的示范，记住每一个细节，再通过那几十遍的练习将示范模仿下来，这其中，我还有了独到的见解，为了追梦，我克服了这一路上的困难。

随着成长，随着人生阅历的慢慢积累，我开始不再以表演弹琴为目的而进行练琴了，我开始寻求一种心灵上的放松，在紧张的学习之余用自己的双手创造出一片属于自己的天地，没有压力，没有批评，只有音乐所带来的喜悦，以及听者的陶醉。钢琴在我的生活中带来了希望与动力，当考试失利时，跌宕起伏的《热情奏鸣曲》让我有了力量，向困难发出挑战；当我厌倦了城市的枯燥时，一首回声嘹亮的《山娃》把我带进了无忧无虑的田间乡野；当我思绪不宁，在床上辗转反侧之时，一首柔和缓慢的《安眠曲》抚平我的思绪，使我进入梦乡。我的生活开始离不开钢琴，它每时每刻都能给予我动力，让我闯过难关。

前几个月，我终于登上了三明书画院的舞台，小小地满足了儿时的梦，我在今后还要坚持练琴，为了走向更大的舞台而坚持，为真正实现自己的梦想而坚持现在的努力。

142

# 家

吴 优

家是什么呢，家是充满快乐、温暖的地方；家是让我们停靠的站点；家是能为我们遮风避雨的港湾；家是有家人的地方。家这个字眼，实在包含了太多太多的情感。每个人都有自己的家，家对于我们来说是最普通最平常的地方。

我的家与二中只有一墙之隔，只要从窗户往外望去就能看到美丽的二中校园。周边的环境十分优美，街道两旁有着常青的树木，中间夹杂着一盏盏有点复古的路灯，每当夜色降临，它们会发出柔和的橙色灯光，照亮道路，像指引方向的灯塔。附近也没有吵闹的商场使人烦躁，或许是沾了二中的光吧，才能让我们拥有一个如此好的居住环境。

家里的成员很简单：爸爸，妈妈还有我。我们居住在七楼的一间120多平方米的房子里。房子的摆设并不复杂，光滑的木地板总是使人发愁，灰尘爱在上面大摇大摆地跳舞，怎么都扫不干净，总是今天好不容易弄干净了，明儿一早起来又是一地灰。沙发有两套颜色：玫红和青绿。我们总在闷热的夏天给沙发换上青绿的颜色，为家里带来一丝清凉；在寒冷的冬天沙发变成了温暖的玫红色，在寒冷的冬季为我们留住一片温暖。

竖立在电视两旁的巨大音响像两只雄狮一般庄严，藏在沙发两旁的瘦小音响则像两个小丫鬟，从它们的嘴里我能享受到美妙的音乐，它们刚进来那会儿爸爸天天在我的耳边说着这款音响是多么多么的高级，说着它们的各种优点，最后还严肃地说之所以会买这款音响是因为我，我学音乐，多听听能培养乐感。但听音乐最多的人不是我反而是他自己。

每当我们晚上回到家打开门时，家里并不是一片漆黑，鱼缸总是在前方发着柔柔的光，不强不弱的光能将家里照亮又不会刺眼。在它的肚子里有一片小小天地，各种颜色的小鱼成群结队地在里面游来游去，好不开心。还有各色水草，随着水扭动着自己柔软的身躯，还有嶙峋的石头，假山，这是一个多么美丽的世界啊。

两个厕所都是由瓷砖铺的，地板、墙壁都铺满了各色瓷砖。这样漂亮是漂亮，但天气一返潮，整个厕所都像洒满了水一样，走路都得小心翼翼地，稍不小心就有滑倒的危险。书房装饰得很有气氛，连灯上都印着诗词，靠墙的大书柜里挤满了各种书籍。

我和爸爸妈妈的卧室在长廊的尽头，我的房间靠左，对着二中，他们的房间则靠右，对着马路。我的卧室说大不大说小不小，房间正中摆放着我一米五的床，蓝白相间，右边有一个小小的床头柜。左边则是我硕大的书桌。我的书桌不是外面买的，而是自己做的，是一个靠着墙大大的弧形，至少能让三个人同时使用。书架也是做的，两排，四个架子，足够我装各种各样的书。书桌前有一个窗台，我在上面摆放了一些绿色盆景。床的后面放着我的琴。妈妈总说我的房间乱七八糟，我总是很不服气地顶回去说：这叫不拘小节！

爸爸妈妈的卧室色调很沉，为棕色，房间正中摆着一张一米八的大床，我最爱在上面打滚，大床比小床舒服多了，我常常缩在床里看墙上的液晶电视。他们也有一个窗台，不过比我的那个大多了，用来晒衣服，天气好的时候，阳光将整个窗台洒满，妈妈就会把被子拿出去晒，看着洒满阳光的被子，我就想睡在窗台上。他们的房间不仅有厕所，还有换衣间，让我嫉妒得不行。每次要出门时，妈妈总要在大大的穿衣镜前照上半天。

这就是我的家，有臭美的妈妈，吹牛的爸爸，我还有我们一起居住的房子，一起组成了不可分割的快乐港湾。

# 草房子里的童年

曾　月

远远地，风车慢摇，十几幢草房子静静地立在阳光下，稻草金灿灿的光芒仿佛照亮了整个油麻地，在这充满阳光的草房子里，住着一群孩子的童年。

"姐姐十五我十六，妈生姐姐我煮粥，爸爸睡在摇篮里，没有奶吃向我哭，记得外公娶外婆，我在轿前放爆竹。"顺着桑桑这首妙趣横生的童谣，我好奇地来到了他们的"草房子"里，可谁知这一进来我就再不想出去了。

桑桑是草房子里最顽皮的那个。直到今天，电影开头那个衣襟敞的大大的，全身上下只有一排牙是白色的小男孩儿还是让我忍俊不禁。后来，纸月来了，桑桑看着这个白净、眼睛乌亮乌亮的女孩子，他惊呆了，他的心里有一种别样的情谊在滋长，他开始悄悄地改变……

时间并没有因为桑桑的改变而停住脚步，它越走越快，草房子里的故事也越来越多，我的思绪也越来越远。一个"秃瓢连长"角色让我对这个其貌不扬的秃鹤肃然起敬，他的坚毅和志气是我所不具备的。还有杜小康，家境的落差并没有让他就此沉沦，他用瘦小的身躯挑起了家庭的重担，做买卖，读书，为父亲治病……我再无法用言语形容什么，他留给我的是那一份最深的感动。一直以为秦大奶奶就是一个平凡甚至有点讨厌的孤老婆子的形象，却不知她竟能不顾自身安危去救落水的桑桑，桑桑还没来得及感谢她，她却又因为奋不顾身地"救油麻地小学的一只南瓜"而永远离开了。

夕阳映红了整个油麻地，艾叶努力地在风中摆动，让它的苦味融化在风中，"这样奶奶到了天堂就不会再苦了吧。"我在心里静静地说。不觉中，感动的泪水模糊了字迹。

每次读曹文轩的作品，既想笑，又想哭，心里总是沉甸甸的，他的语言很质朴很真挚，正是因为这种看似平淡的语言才勾起了人心中的共鸣，合上书我似乎找回了一样丢失已久的东西，是人情味儿，抑或是一颗久冷的童心。

座座草屋，住着是孩子的童年，装着是人与人之间的百般真情，它陪伴着油麻地的孩子们走过童年的坎坷，和他们一起享受着童年暖

145

风吹过的童年

暖阳光里的快乐。

"秋风乍起，暑气已去，十四岁的男孩儿桑桑，登上了油麻地小学那一片草房子中间最高一幢的房顶。他坐在屋脊上，油麻地小学第一次一下子就全扑到了他的眼底。秋天的白云，温柔如絮，悠悠远去；梧桐的枯叶，正在秋风里忽闪忽闪地飘落。这个男孩，桑桑，忽然觉得自己想哭，于是就小声呜咽起来——"这是一段很美的文字，读来却不免有些悲伤，多希望时间能够就此停留，让桑桑留下来，留住这似水流年……

其实不止是油麻地里的孩子，不止是曹文轩，我们每个人心中都有一座草房子。我们在草房子里不断地成长，不断地感受透进来的阳光给我们的洗礼，不断地去体会人与人之间最初的真情，长到这么大不由得有些后悔当初没有珍惜待在"草房子"里的时光，不过还好这一切还来得及，虽然离开了"草房子"，但是我还没有走出"油麻地"，我还在青春里，我的梦想可以从这里启程。

"一颗星，挂油瓶！油瓶漏，炒黑豆！黑豆香，卖生姜！……"我站在《草房子》里，回忆着我的童年，思索着我的未来。

# 请留一扇门

小　珺

3月5日　晴　12：50

"观众朋友们，中午好。今天是3月5日，学雷锋纪念日。雷锋已经逝世多年了，但是他的那句'一个螺丝钉很小。却有很大的作用，我愿做一颗永不生锈的螺丝钉。'已经深深地刻在了我们心里，雷锋精神被许多人用行动传承着——'最美老师'张丽莉用瘦弱的身躯阻挡住死神来势汹汹的脚步；'最美司机'吴斌踩下的不仅是全车人滑向死亡的刹车，更是踩下社会道德滑坡的刹车……"看完新闻，我被他们的大爱精神深深地感动。

3月5日　晴　17：30

我匆匆踏上放学回家的公交车，高峰期的公交车总是"见缝插人"，几个老人颤巍巍地抓着扶手被夹在人群之中。"老人家，来这里坐吧。"一位年轻的阿姨指着自己的位置，佯要起身。"不用，不用了。"老人家客气地推辞着，可谁知阿姨本着"恭敬不如从命"的心理，竟又一屁股坐了回去，冷冷地望着窗外，不再理睬老人家一眼。

车上的人很多，皆是一副"事不关己，高高挂起"的面孔，"固守"着自己的一寸芝麻领地，不愿为身后的人让出一步。我七拐八绕好不容易找到了"栖身之地"，终于稳下了脚跟。此时，几个孩童的交谈声钻进了我的耳朵："今天是学雷锋纪念日，老师让我们做雷锋，可是我在街上等了半天都没有看到老奶奶过马路，真失败！"听到这，我哑然失笑。

"下洋站到了。"我满心疑惑地下了车，车站旁"学雷锋志愿者""直挺挺"地站着，三三两两的小同学依旧横穿斑马线，来往自如。

这就是"学雷锋志愿者"吗？我更纳闷了。

翻过了一个小坡，离家终于只有一步之遥了，"阿姨，等等我。"瞅着楼上的阿姨正要关上铁门，我急急忙忙地赶了上去。"砰"一声响得格外刺耳，我呆立在大铁门前沉思了许久……

何时开始，"文明"号飞轮只剩下了齿轮卡带发出的嘎嘎作响的声音？这里老人摔倒了没敢扶，那里却有人因为"学雷锋"纪念日在马路边"守株待兔"；公园椅凳上的"牛皮癣"被路人自动屏蔽；爱打抱不平的"活雷锋"们正"义愤填膺"地数落着"救人便是肇事者"的诙谐剧……

面对这种种，请我们扪心自问：这就是雷锋精神的传承吗？这是真正的学雷锋吗？雷锋精神不应只存在于口头，每逢3月5日就高喊宣传口号，而应该是一种由内而外的"关爱别人，关爱社会"的精神。古来孟子便有道："从善之心，人皆有之。"岁月洗去的应该是污秽而不是精华，这些精华怎能"丧耳"？我们需要的不是"假雷锋"！

"勿以善小而不为。"或许我们做不到新闻里"最美"模范那样的大爱，但是好事不怕事小，哪怕只是一个关心的微笑也是雷锋精神的一种延续。如果你能在下雨时善意地提醒邻居们要收好衣服，如果我在不小心踩到别人脚时说声对不起，如果他能主动扫去楼道里的鞭炮屑，如果人人都打开那扇关爱的心门……

3月10日　晴　17：50

我像往常一样放学回家。"小姑娘，放学回来啦！"楼上买菜回来的老奶奶一脸和蔼地对我微笑着，我点了点头，帮她提过那菜篮子。转过头恰好看到楼上的那个阿姨向我们走来，我轻轻地留了一扇门。

# 照片里的故事

曾　珺

　　周日闲暇，去相馆领回些新拍的照片，放进相册里，不经意之间注意到了一本封面已经泛黄的老相册。我轻轻抚去覆盖相册的那一层薄灰，好奇地翻阅着，最先映入眼帘的是个身着中山装的青年，一脸端正严肃——想必是外公年轻时入党所拍的照片吧。

　　我回忆起幼儿园时期的夏日，我和外公同坐在凉椅上乘凉，那时外公总会讲起些他的故事。

　　1960年，外公毕业于中国药科大学（原南京药学院）。那时外公还是个潇洒的知青，为了支援三明建设，他放弃了故乡杭州的丰厚待遇和安适的生活，千里迢迢来到了陌生的三明城。20世纪60年代初，三明市第一医院才刚刚建立，百废待兴。外公一到岗位，就开始了不分昼夜的工作，连着几天都没有回家。当时人员储备少，设备落后，所有流程都只能人工操作。就在这样废寝忘食的辛勤工作下。三明市第一医院才逐渐成长起来，外公等第一批工作者功不可没。

　　饭后，我们一大家子总喜欢在一起聊聊天，而每当回忆起曾经的三明市，外公都会激动万分，老泪纵横地开始滔滔不绝的"演讲"："当时我刚来三明的时候，真是一副"小小三元县，三家豆腐店。街头卖豆腐，街尾听得见。"的破旧景象啊！崎岖不平的马路旁是稀稀拉拉的几座破平房，旁边还有些荒芜的农田，甚至连个像样的商铺都没有！这些年来真的发生了日新月异的变化，三明真算得上我亲眼看着一点一点地成长起来的！"外公那慷慨激昂的"演讲"常常如幻灯片般浮现在我的脑海里。

我继续翻阅着相册，一张色泽鲜艳的照片鹤立鸡群，吸引着我的注意力。定睛一看。原来是外公所参加的老年志愿团获得社区表彰时的合影。前些年，外公嫌退休在家无事可做，便不顾家人阻拦参加了老年志愿团，又开始了夜不归宿的生活。这不，前段时间因长期下雨，造成医院多处下水管道堵塞。老年志愿团闻风而动，组织了一支队伍，抢时间疏通管道。下水道臭气熏天，许多人都避而远之，而外公则不然，他挡在同伴之前，打开井盖，用铲子奋力地挖着堆积起来的泥沙，自己的"腰椎间盘突出症"早就抛到了九霄云外。弄了一身泥回来，外婆哭笑不得，嗔怪道："老是这么积极，院领导又给了你什么好！"外公摇了摇头，反驳道："话不能这么说！我是共产党员，自然就要起到表率作用，关爱大家是我的责任！"望着外公那饱经风霜的面庞，我肃然起敬。这就是中国共产党党员的精神！

如今，三明真如外公所说，一改从前那贫瘠荒凉的景象，成为一个新兴的工业城市。近看三明钢铁厂的车间里，彻夜不息的灯光映红了半边天，这是历代三明人前赴后继"重振工业雄风"的信心与决心。街道上车水马龙，霓虹灯五彩斑斓，星星点点，江滨公园美轮美奂。

咦！这不是我和外公的合影吗？在相册的最后一页，一张照片让我心头一震。何时我的形象也进入了这本珍贵的老相册？我沉思了良久，明白了外公的深切用意！

一张张老照片，是外公奋斗的缩影，也是社会前进的缩影。我应该铭记这些辉煌的历史！努力读书，勇往直前，不辜负外公的期望！

# 我家那些事儿

### 月 儿

家，几根梁，几片瓦，三间房，三个人。固然平凡简单，却古今合璧，五味杂陈。

爸爸、妈妈、我，截然不同的三个人，各显神通，我行我素，可谓火药味十足。

## 谈 古 论 今

"真是糟糕，这食品安全就是一纸空谈，要我说啊就要彻底地根治，强制性地解决……"爸爸晚饭后又开始了一番高谈阔论。"这么能说，当初没走政治道路真是埋没人才了。"妈妈向我眨了眨眼，玩笑道。"放心吧，皇帝轮流做，明天到我家。"爸爸的顺风耳听到了我和妈妈的窃窃私语，为自己辩护起来，说完又潇洒走江湖，白日做大梦去了。

……

"雍正真是可怜，勤勉如此，历史上给予的评价却不过尔尔。"我看着《雍正皇帝》感叹道。"这个不能这么说，他虽勤于政务却是阴狠残暴。"爸爸又不甘寂寞地插上了一句。"当皇帝就是要做到快准狠，他也有太多的迫不得已，难道你要他眼睁睁地看着自己的兄弟在自个儿的地盘指手画脚？"我不满地反驳着。"难道那些名留青史的君王都是心狠手辣之辈？他们的迫不得已呢？"爸爸言词凿凿。我陷入不利境地，小思片刻后，我力挽狂澜，欲要扭转乾坤："并不是每个君王都有那么多虎视眈眈的兄弟，雍正只是倒霉了点。若他不排除异己又如何让人听从他从而治理他的江山？……"我越讲越激动，仿佛我的胜利就在不远的前方。"好了，好了。历史都只是我们后人的判断，没有绝对的对错，难不成你穿越回去看过？"妈妈一句话点醒梦中人，我和爸爸的唇枪舌剑以和平握手而告终。

家中恢复了平静，不知过了多久，爸爸突然幽幽开口："这丫头片子长进不小，我都要自愧不如了，不错不错。"说罢，愣神片刻后，我等三人皆大笑。

## 别是一番滋味在心头

祸兮福之所倚，福兮祸之所伏，无数惨痛的经历都强有力地证明了：快乐是不长久的，乐极是会生悲的。

这不，又一轮战斗开始了，且听我娓娓道来。

"英语小测有没有满分？"妈妈一改往日的温柔和蔼，开始施展河东狮吼的武林绝学。"是不是最近太放松了，天天就知道看课外书。不行，不准看了，没收。"妈妈的一道口谕，彻底给我判了"死刑"，连二审上诉的机会都没有了。"真是的，前几天老爸还说看课外书可以拓宽知识面，多多益善呢。"我小声嘀咕着，试图做一丝"垂死挣扎"，这不说倒好，一说真是搬石头砸自己的脚。"我说你看课外书也要在学有余力的情况下，你现在自己的本职工作都没有做好，还课外？去去去，读英语去。"爸爸眼瞅着我要把矛盾扯到他身上去了，忙开始了他的碎碎念，把我反抗的念头扼杀于摇篮之中，生怕妈妈等会儿就要换人"批斗"了。

由于这两大"政权"的压迫，我只能"被迫投降"，不情不愿地走进了房间，看着密密麻麻的字母，别是一番滋味在心头啊！昨天还是同盟队友，今儿个就是敌我双方了，变脸不仅比翻书快，还以大欺小，非人哉也！

风萧萧兮易水寒，我要翻身兮怎么就这么难？

感慨中，我被茫茫题海埋没。骂归骂，气归气，我们仨还是"好兄弟"。

三天吵，七天笑，三张嘴，一台戏，演绎着我家那些事儿。

# 小事与文明

郑欣颖

153

### "满城尽带'清晨露'"

时不时会在教学楼前面的一块空地上看到一块块像水一样的东西，在阳光的照射下显得晶莹剔透，不知道的还以为是清晨的露珠还未干，顺着叶落下来；而知道的人都对它敬而远之、退避三舍。因为那就是大名鼎鼎的内含溶菌霉、可用于外伤消炎的唾液，俗称口水。当你心情正如面朝大海春暖花开般大好时，一滴"清晨露"从楼上洋洋洒洒地落下，在你的肩上或书包上停下了下落的脚步，滴在你的身上，试问你有什么感想？当你正在因这一幕而惊呆时，楼上传来的一阵笑声，又让你有什么感想呢？是悲？是怒？还是……

## "水城威尼斯"

如果学校变成了意大利的水城威尼斯，有一条条美丽的河流穿校而过，把学校分成一小块一小块的，还有依水而建别有一番风趣的屋子，如果是这样我相信我们一定会爱上学校这如诗如画的环境的。炎炎的夏日，当你正为这鬼天气而感到烦闷时，一个为你带来凉爽惬意的水球从天而降，在你的附近或身上炸开，水花四溅，带来一抹凉意。当享受这凉意的是你时，敢问你有什么想法呢？当水球打在地板上时，我很想问问地板：还好吗，会不会痛？还想问问天上的旭日：要多久才会把楼道上、走廊上的这些水晒干呢？我也想问问水球：你会痛吗？在别人掌中当玩物的滋味好受吗？在自由落体的一瞬间有什么感想呢？

154

当满城尽带"清晨露"时，当学校变成威尼斯时，你、你们会有什么感想？这就是所谓的"美轮美奂"吗？这就是所谓的文明礼仪吗？

有时候文明礼仪或许可以等同于教养，这种东西人家都以为要出生于名门才能拥有，其实不然，这只是一种常识，只要稍加注意都可以学到，和出身并没有关系。如果你觉得自己做得不够好，那就去和苏州的姑娘学习一下吧，她们的每一句话好像都在征求你的意见。即使是命令手下，也把"把那个东西拿过来"说成"请把那个东西拿过来好不好？"这就是文明礼仪。

小事，不小。小事中有文明，你可以做到，我们都可以做到。亲爱的口水拥有者，水球掷投者，你愿意收回你们那悖于文明的手吗？加入大家的队伍吧！

# 为你，千千万万遍

邓 宇

"为你，千千万万遍。"轻轻合上《追风筝的人》，这句话深深地烙在了我的脑海里。

主人公阿米尔和哈桑是一对同父异母的兄弟，但小时候他们对此毫不知情。二十多年前，尚是孩童的哈桑对阿米尔说："你想要我追那只风筝给你吗？"哈桑对阿米尔说："千千万万遍！"二十多年后，已经知道这个秘密的阿米尔对哈桑的儿子索拉博说："你想要我追那只风筝给你吗？"阿米尔为了索拉博，千千万万遍！他为哈桑的孩子索拉博追风筝，就如哈桑为他一样。

哈桑为了阿米尔，千千万万遍！这份真情让人为之动容。而在我们的生活中，又有多少为我们默默付出的人呢？我轻叹，铭记，答案原来只有父母。是他们，教我迈出人生的第一步；是他们，教我说第一句话；是他们，教我写第一个字……是他们，在我的青春叛逆期，始终用他们的大手紧紧地拉着我的手，为我，千千万万遍！我也要像哈桑一样，对他们说一句：为你，千千万万遍！

胡赛尼的笔犹如一把尖利的刻刀，将阿米尔的人性真实刻画得近乎残酷，却又毫不哗众取宠。在阅读中，我好像变成了阿米尔，他开心，我也开心；他愧疚，我也深深地自责。其实，我们每一个人都是另一个阿米尔，我们都曾经犯过错，也曾经胆怯地推卸掉了自己的责任。但不必因此而过分内疚，因为前方还有许多需要我们参与的地方，还有许多需要我们担起的责任。"这儿有再次成为好人的路。"我们要像阿米尔一样，千千万万遍地努力，努力成为有担当的"好人"。

读《追风筝的人》，我被它千千万万遍地感动着，也被作家胡赛尼感动着。胡赛尼的《追风筝的人》最开始仅仅是一篇短篇小说，胡赛尼花了六年时间终于拓展为一部长篇小说。每天胡赛尼五点起床写作，写到八点钟去洗漱和用早餐，然后投入到一天医生的繁忙工作中。为了追自己心中的这只"风筝"，胡赛尼更是千千万万遍地努力、奋斗。

"为你，千千万万遍。"哈桑是这样，阿米尔是这样，现实生活中千千万万个胡赛尼也是这样。正值青春年少的我们，更要拼尽全力向前奔跑，为"你"，千千万万遍，勇敢地去追寻我们心中的风筝！

# 悠悠淘金情

谢耀宇

傍晚的淘金山，生机丝毫没有隐去，残留的日光洒在它的身上，像是整座山被染红了。

我慢悠悠地走上山，眼前的景色逐渐被绿意所替代。绿色的枫叶，青色的老藤，墨色的怪石，交错地长在这山间。偶然听见几声鸟鸣，循声望去，只看到还在摇曳的树枝，而早已没了鸟影。

踏着青苔覆盖的石阶，我来到了一个小石亭。刚想坐下小憩一会儿，忽然看见前方不远处有几丛黑色的大"石柱"歪歪扭扭地矗立着，便带着好奇心冲了上去。哪里有什么大"石柱"，竟是一株株高大挺拔的铁树，你挤着我，我挤着你地紧挨着。它们足足有五米高，我站在它们面前，还够不着最低的树枝。绕着它走一圈，都得费好大的劲。它们的叶子有一人长，像一片片芭蕉叶竖立着，上面长满了刺一样的针叶。我后退几步，纵观它的全貌，苍翠的叶不输于松，粗壮的干不亚于榕，妙曼的姿不逊于柳。走到它的叶下，就像走进了一个巨型保护伞，抬头望着那错落有致的枝叶，低头凝视那纵横交错的根，不禁感叹大自然的鬼斧神工，雕琢出如此精美的艺术品。

告别了铁树群，我加快了脚步朝山顶走去。汗水早已湿透了我的衣服，但我知道山顶上还有一个巨大的惊喜在等着我。十步……五步……三步……最后一步，终于，我登上了山顶。我顾不得气喘吁吁，便迫不及待地奔向那个庞然大物。赤足、大耳、袈裟、佛珠，还有那侧卧的巨大身躯，出现在我眼前的是华夏第一卧佛——定光佛！他那似睁非睁的含情目，俯视着人间，看透一切的善恶美丑；那似笑非笑的慈祥唇，虔诚地默诵着经文，保佑世人的平安。当年宋朝宰相李纲被谪贬沙县，梦见此佛，大概是悟透了禅机。李纲后又被召回朝任宰相，为宋朝的再度辉煌立下了汗马功劳，也成就了他个人的荣耀。这禅机大概是舍弃自身，胸怀天下吧。

我站在观景台上，整个县城的美景尽收眼底。身后便是新修建的舍利宝塔，庄严而又雄伟。落日的余晖洒满大地，把整座城市都染成金色。看着这烟霞交错的苍穹，心中油然升起一股悠悠淘金情。

# 走进西塘

周 凌

一直对古镇水乡有着发自心底的喜爱和沉醉，其中又要以西塘为最——一个淡雅祥和的小城，一条澄澈清透的溪流，还有一群淳朴安宁的人们。

难以描述我对西塘的第一印象是什么样的。她从丹青中款款而出，携着满城烟雨飞花走入你的视线，正应了那句"所谓伊人，在水一方"。在小巷中徐徐穿行，眼前便出现了她独有的九曲回廊。去的时候尚是清晨，回廊在潺潺的溪水中安静地睡着，乌篷船似乎也不忍吵醒它，咿呀着慢慢摇晃。于是心也随之慢悠起来，微笑起来。

最值得称道的还是西塘的人。热情好客或许是许多地方都有的，但这儿的人们和他们不同——他们不会扯着嗓子高声叫卖自己的商品，对于游人或新奇或冷淡的目光总是报以一个温和的笑容，眉眼间流淌的全是如这水般的善意。不知究竟是人让城变得温柔美好，还是城让人变得朴实善良？二者相互交融，可以说，这儿的人们心中自有一片桃花源，那便是他们的家乡，西塘。

在回廊中走得累人，我们在青石板上坐着小歇。我们聆听在城市中难以遇见的水响猿啼，感受娴静的春风轻柔拂面。在这样远离世俗纷扰的小城里，纵然是五柳先生也必然会为之动容吧？不是桃花源却胜似桃花源。空气中调皮跃动的光斑零零散散掉落在青灰色的廊檐上，欢快地轻声唱着歌儿滑进游人的发间，游人的眼中，也滑进了游人的心里。或许正是这看似不起眼却温暖的事物打动了我，让这个仅仅一面之缘的小城住进了我的记忆里，如同一朵朵在心间翻腾的细小浪花，经久不息。

走进一个地方并不是一定要身在那处，只要心中有着自己的一片桃花源，它便是时光长河赐予你的一笔珍宝——它永不褪色，也永不离去。

# 曾经的玩伴

林　铄

它是一只黑黄相间的藏獒，学名是铁包金，但在我家它的名字叫作鲁鲁。

为什么会起这个名字呢？因为它是我爸从山东带回来的，因为当时也想不出更好的名字，就干脆叫它出生地的简称。

它刚来我们家时，还是一个刚满月乳臭未干小狗崽，可体型也能和成年的贵宾狗不相上下。土里土气的小脸给我们家带来了无限的欢乐，但同时也惹了不少麻烦。

春姑娘总是匆匆地来匆匆地走，但还是来了。楼下的酒楼还是像往常一样热闹，可门前的大树那泛黄的树叶早已让二月似剪刀的春风给剃光，重新长出绿绿的嫩芽。鲁鲁也不例外，那粗而不肥的小腿使它走起路来像模特走猫步；那大而不笨的脑袋让我省去了带它回窝，

风吹过的童年

擦它在客厅及各个角落的"赃物"和那一直撅着的小屁股。

它有时很勇敢，有时又很胆小。每每去宠物医院打疫苗时，"七汪八喵"的吵闹声总是扰人心安，却没让这个婴儿狗感到烦躁，镇定地接受了尖针一击。可黑夜降临，阵阵小风吹动着玻璃发出响声。"吱吱吱"的几声，让已经熟睡的我以为是传说中的老鼠，却不然，原来是鲁鲁因害怕不敢睡觉要来和我睡，可木门挡住了去路，它便用那稚嫩的小爪子轻轻地"抚摸"木门。换作是你你也会吓一跳，半夜突然有个毛茸茸的东西往你的被窝里钻，并且热乎乎的。就这样我跟它同床共枕了一段时间。

让我最意想不到的是有一次，妈妈不喜欢它一天不洗澡就臭烘烘地往人身上扑，便和爸爸商量，驱车百里把它丢到某座小山上，让它自食其力。要是我事先知道，肯定是死都不愿意。因为它的事我们也没少吵过架，可爸爸还是偷偷地把它扔在了山上。放学回来时发现它失踪了，令我悲痛万分。

过了三天，不知是我患了相思病还是怎么了，门一开突然鲁鲁跳到了我的身上。我不知所措，激动中我用手将他一搂，只感觉几根从未那么明显的肋骨在我的手中随着它心脏跳动。我问奶奶它是怎么回来的。奶奶说，它是自己跑回来的。我怀着一种打败罪恶的心情给妈妈打电话，跟她道说此事，她也大吃一惊。晚上奶奶跟我说，是她叫爸爸把鲁鲁接回来的，因为它都还没满一岁怎么可能会自食其力。可妈妈还不知，跟别人谈起鲁鲁就会谈起那件事。

它很乖，从来不乱吼乱叫，它的脚也受过一次伤，我也带它各地游玩……与它美好的回忆太多太多，可后来因为我学业繁重，而且它身材长得太高大，只有奶奶每天拎着一袋新鲜的生肉给它喂食，在周末我给它洗澡跟它玩耍，就与它没了往来。

时间一直在流淌。就这样，我的第一次特殊的友谊就变成曾经了……

# 我的新校园

吴与同

刚步入新校园，一切都是那么陌生。

操场上，一圈圈塑胶跑道用她柔韧的身体环抱着篮球场，似乎在对篮球场喃喃细语。健身器材可没篮球场笨拙，它们成群结队地跳出塑胶跑道，在柔软的草坪上安了家。每天放学时，总有同学在操场上锻炼、玩耍，给原本宁静的操场增添了许多乐趣。操场四周，一阵微风吹来，摇曳的花花草草都在形状各异的花坛中向我招手。

红花绿叶，总能让校园更加生机勃勃。花坛便是那红花绿叶的家。星星点点的小花，害羞地隐匿在一丛丛灌木中，偷偷地绽放，悄悄地散出淡雅的清香，怎能不招来蜜蜂和蝴蝶呢？那丛丛灌木，片片落叶，更是让小昆虫在这定居。野花朵朵，草木葳蕤，不正是个理想的家吗？

新校园，新环境，自然也少不了新同学，新面庞。

在我的三班，我就认识了许多"非常"的同学。筱祈就是这样的一个同学。她是个高个子女孩儿，开朗大方。她是个运动健将，也是个"学霸"。"德、智、体、美、劳全面发展"用在她身上真的不算夸张。她上课认真听讲，积极发言，考试总是名列前茅。班集体的任何活动她总是积极参与。最让我佩服的是她的运动天赋，不管是校运会、县运会，还是市运会，她都能斩获几块"金银铜"。像这样的"非常"同学还有很多，就让我慢慢地认识吧。

新的校园，让我好奇地探寻一切新事物；新的环境，让我无时无刻兴致勃勃；新的同学，让我的社交能力更上一层楼。陌生的新校园给我带来了这么多美好，你让我如何不喜欢它呢？

# 当一次盲人的体验

珏　珏

162

不知你是否注意过，在我们身边有许多残疾人：盲人、聋哑人……但是值得我们高兴的是，世界并没有遗忘他们，因为他们身残志坚，努力拼搏，勇往直前，积极向上。

在这个星期二，罗老师给我们上了一节作文课。在课上，我亲身体验了宛如一个世纪的艰难的五分钟，心中不禁对那些残疾人怀着更加崇敬的心情。

当我和同学们听罗老师的指挥，一起戴上眼罩时，顿时感到眼前一片漆黑。我心里立刻慌了起来，像压着一块大石头，久久不能平静。我像一只无头苍蝇似的小心翼翼地站了起来，本想大步迈开往前走，可是一抬腿就撞上了凳子，左绕绕，右绕绕，终于挤出了座位。我什么也看不见，身边好像有时挤满了人，有时好像自己孤独一人行走在黑暗中，那么孤独，那么无助……我边走边想：这样实在是太可怕了，我一秒也不想过下去！那些盲人，那些刚出生就被夺走光明的盲人，他们这些日子该是怎样过来的？耳边传来络绎不绝的同学们叫苦不迭的声音，我几度想放弃，要不偷偷把眼罩摘开吧？可是一想到那些身残志坚的残疾人们，我的心又坚定下来。我每走几步就要撞上桌子或凳子，每走几步都险些要摔跤，那些盲人呢？他们要撞上多少次？他们要摔过多少跤？想到这里，我坚定决心，再次迈开了步子。终于，我摸摸索索到了自己的座位旁，可以摘开眼罩了。我的世界恢复了光明，可是，盲人们的光明会回来吗？

从这次体验中，我深刻地感受到了残疾人们生活的不容易。盲人无法看见五彩斑斓的世界、聋哑人听不到优美的旋律、说不出动听的话语……俗话说：上帝为你关上这扇门的同时，必会为你开启另一扇门。让我们关爱每一个需要帮助的残疾人，伸出援助之手，聚沙成塔，他们的生活一样可以充满阳光！只要我们心中有爱，这个社会就会多一些安宁和温暖，少一份痛苦和悲伤！

163

# 刻刀下的喝彩

许 琦

小小的刻刀下，仿佛是一个大大的世界，一切都凝聚在矫捷的刀影里，我想，这不只是工艺品，更是中国艺术的一脉传承。

——题记

　　不知从什么时候起，我被家乡特有的微雕工艺吸引住了。我的家乡仙游，被誉为工艺品之乡。红木工艺品，成了仙游一门独特的艺术，而其中的微雕更是精益求精。每当看见熟悉的仙游工艺品，便会在心中默默地为其喝彩。

　　柔和的灯光下，是尽职尽责的木工们，他们从身旁抬来一块纹理清晰的木头，端坐在台前，执起刻刀，刀刃锋利无比，还闪着锋芒。木工将木料置于手中，轻掂几下，又将手中的刻刀落在木料之上，手起刀落，剔去几块边角料，一尊人物像便初具雏形。木工们又执起细刀，真正的指上功夫开始了，只见木工们将刻刀用力地压在木料上，继而往前刨去，仙游木雕"一刀五卷"的技艺在他们手中发挥得淋漓尽致，刀影之间，眉眼、鼻梁、微微翕动的唇，都仿佛呼之欲出。木工们用这微雕工艺，将图纸上的人物游移于木料之上，刀刃在木头上游走，刀法娴熟，图案疏密有致，手法刚柔并济，精细处如走丝，粗犷处似劈斧，这小小的刻刀下，仿佛是一个大大的世界，一切都凝聚在矫捷的刀影里。我想这不只是工艺品，更是中国艺术的一脉传承。在这小小的工厂里，刻刀贯穿着一切，这种美，贯穿于每一个工艺人的心中，有声或无声的喝彩，都存在于每一个热爱红木工艺品的人的心中。

　　有人曾问我，为何要为这手工技艺而喝彩，现在的机器木雕数不胜数，外观也比这手工雕刻精细得多，我想，这不只是取决于外观，更取决于内心，这一件件微雕之上，倾注了工匠们的一片真心，这是传统文化的继承。

　　仙游家具中，包含了太多东西，有工匠的真心，人民的情感，文化的传承，工艺的魅力，这是仙游的微雕，中国的微雕，更是世界的微雕！仙游，我为你喝彩！

# 长 乐 未 央

陈朝露

永远快乐，没有穷尽。

——题记

漫漫泪海终将枯竭，灿灿星河未曾落殒。

有人说时间能冲淡一切，包括哀伤、恨意乃至爱怜。这些入骨的情感总有一天会不再黏稠浓腻，剩下的，只是尝之如水似的淡薄回忆，不是忘却，是不愿再想。

纵使光阴稀薄，你仍是你，亘远冗长如记忆伊始。让沙漏再翻转一次。

我在黑暗里坐起身。

下了整夜的雨既没有和缓下来的趋势，也没有变得更加滂沱，只是稳定地浇灌着这方天地。润泽的，清澈的，凝滞了漫天寒意。窗户并没有关拢，所以瓷砖地板泼湿了一大块，冷风顺着缝隙呼呼地直捣房间，吹散了室内本就稀少的热度。

我就这么愣愣地直盯着瓷砖上的那滩积水，然后蹙眉。我的头一直隐隐作痛，像在努力思索着什么，却苦无答案。心跳得格外快，如凶猛的野兽叫嚣着一些模糊又不好听的词汇。我烦躁地揉乱头发。周

165

围没有声音，但我还是觉得太过嘈杂。胸膛压抑得像是快要爆炸，但我没能听懂那强有力的节奏。

"咚咚。"什么？

"咚咚。"为什么？

"咚咚。"为什么要跳动得这么快？

"吱呀——"我用力拉开房间的门。刚要迈出脚步又停下，这时我才想起这并不是我自己的家，这是祖父的家啊。

祖父是个很慈祥的人。印象中的他，总是拖着抱病而清癯的身体，一头华发，却总对我笑着。他的耳朵打从我记事起便不大好，每次对人说话却都努力做到咬字清晰。他会在吃饭时，举着颤巍巍的手给别人夹肉，自己嚼着豆卤。他会在夏天的夜晚拉着尚且年幼的我在老家大院子里看星星。他会在所有人都未起床的凌晨去地里耕作……不连贯的细小如碎片的记忆涌进我的大脑。眼中还来不及浮上笑意便猝不及防闯进黑白色调。

灰白照上的老人赫然是我的祖父。是了，上一次见到鲜活的他是在什么时候呢？大抵是很久以前吧。久到记忆一旦回播便无法停止，久到眼泪会莫名掉下再被风干，久到照片上本应熟悉的五官透过视网膜都变得缥缈起来。但又不觉得年岁流逝得太快，那些经历都恍如昨日。

漫漫泪海终将枯竭，灿灿星河未曾落殒。

"咚咚。"心跳再度变得平静。

有人说时间能冲淡一切。

"印象中的他是个很好的老头儿。"或许我会这般对另外一个人娓娓道来。

但是你仍是你，亘远于初。

在我叙述的时候，他会在我绵远的回忆里，长乐未央。